마키아벨리
다시 읽기

마키아벨리 다시 읽기

비지배를 꿈꾸는
현실주의자

곽준혁

Niccolò
Machiavelli

민음사

프롤로그:
이상을 꿈꾸는 현실주의

1 희망 없는 현실주의의 잔인함

마키아벨리는 니체가 비웃던 고매한 철학자들의 위선을 모른다.[1] 세상이 존경하는 도덕적 기준들을 자기의 철학을 과시하기 위해 사용할 의도도 없고, 세상으로부터 환영받지 못하는 스스로를 고독한 철학자로 미화할 생각도 없다. 그는 오히려 '미덕'이 '악덕'이 될 수밖에 없는 상황을 통해 도덕적 기준들을 검토하고, 자기를 철학자라고 부를 수 있는 모든 형이상학적인 것들을 부정하고 배제한다. 그리고 이전 철학자들의 정치적 교훈을 모두 '잘못된 상상 (falsa immaginazione)'이라고 비난한다.

이렇듯 마키아벨리가 형이상학에 적대적이었던 가장 큰 이유는 바로 당시 지배계층의 부패였다. 시대사적 변화가 피렌체의 존립을 위협하는 상황에서도 자기만의 이익을 채우기에 급급한 귀족들, 외세에 성문을 열어서라도 자기들의 권력을 유지하려던 유력 가문들, 정치적 현실에 실망해서 자기의 좌절을 철학적 성찰로 해소하려던 지식인들, 이들 모두가 시민들에게는 절망만을 가져다주었던 것이다. 즉 그의 형이상학에 대한 적대적 태도는 도덕과 철학을 이야기하는 것이 현상 유지를 통해 이득을 보려는 사람들의 정치적 수사로밖에 보이지 않는 시대의 아픔을 대변했던 것이다.

그래서 마키아벨리는 잊혀진 꿈을 이야기한다. 시민의 자유가 다시 꽃을 피우고, 이탈리아가 강대국의 손아귀에서 벗어나는 꿈을 꾼다. 조그마한 도시국가 피렌체가 로마공화정처럼 제국으로 성장해서 시대사적 변화를 주도하는 나라가 되기를 희망한다. 그리고 피렌체의 혼란과 무기력을 극복하기 위해 모두가 군주정을 논의할 때, 그는 조용한 베네치아보다 소란스러운 로마를 이상으로 제시한다. 공화정을 건설하는 데에도 '한 명(uno solo)'의 탁월한 인물이 필요하다는 충고를 전적으로 부정하지는 않더라도, 바로 그 한 명이 지배받지 않고자 하는 시민들의 열망을 일깨워 주고 자유를 실현해 줄 수 있는 방도를 고민한다.

물론 아무도 마키아벨리의 꿈이 실현될 수 있으리라 생각하지 않았다. 당연히 그에게 돌아온 것은 '이상주의자'라는 핀잔이었다. 자기를 가장 잘 알고 있으리라 믿었던 귀치아르디니조차 이런 비판에 동참했다. 마키아벨리가 인민을 지나치게 신뢰한다고 판단했고, 그가 말하는 로마는 키케로가 꿈꾸던 원로원이 중심이 된 로마공화정의 전형으로부터 너무나 동떨어졌다고 지적했던 것이다.[2] 사실 마키아벨리는 인민을 무조건 신뢰하지 않았다. 그러기에 그는 집단 지성이 좋은 역할을 할 수 있는 조건들을 강조했고, 지배와 예속으로 귀결되는 퇴행을 막을 지도자의 역량에 주목했다. 다만 귀치아르디니가 말하는 '귀족' 또는 '소수'에 의존하는 공화정은 결코 바람직하지 않다고 여겼을 뿐이다.

엄밀하게 보면, 마키아벨리는 당시 유력 가문의 자제들과 귀족들이 시대사적 변화를 파악하지 못하고 있다고 생각했던 것 같다. 마치 키케로가 그라쿠스 형제의 개혁을 통해 드러난 시대의 흐름을 거슬러 올라간 것처럼, 당시 귀족들이 원로원 중심의 귀족적 통치로 '인민'이 나라의 힘이 될 수밖에 없는 역사의 수레바퀴를 되돌리려 한다고 판단한 것이다. 그래서 『군주』와 『전술』은 '군인'보다 '인민'이 중요하다는 사실을 무시한 채 용병에게 매달리는 유력자들에 대한 한탄을 담고 있고, 『강의』와 『피렌체사』는 인민의 무지를 탓하며 자기들의 잇속을 채우는 귀족들의 안일함에 대한 절망을 대변한다. 그리고 그는 이들이 내세우는 '현실주의'를 희망이 없는 현실주의, 바로 잔인함이라고 비난한다.

2 욥(Job)이 될 수 없는 르네상스인(人)

그럼에도 불구하고, 마키아벨리는 당시 전략가들의 의식을 지배했던 반(反)지성주의로 스스로를 무장하지 않았다. 비록 인문주의 전통에서 볼 때에는 결코 돌아오지 못할 탕자였지만, 그리고 권력을 장악하고 있는 사람들에게는 이방인일 수밖에 없었지만, 그는 결코 자기가 어릴 때부터 고전과 역사를 통해 체득한 지혜들을 버리지 않았다. 그러기에 그는 자기의 생각이 고전과 경험을 통해 만들어졌다고 자부하고,[3] 자기의 지식을 '역사에 대한 진정한 지식(vera cognizione delle storie)'이라고 부른다.[4]

우선 마키아벨리가 말하는 지식은 로마 교회가 설파하던 기독교적 역사관에 대한 도전을 내포한다. 사실 『강의』에서 그가 로마 교회의 교육이 잘못되었다고 내뱉는 말들은 우회적인 표현에 불과하다.[5] 세속적인 정치권력과 하나도 다를 바 없는 로마 교회의 생존을 위한 투쟁, 시민들까지 진절머리를 치게 만들었던 성직자들의 부패, 이런 것들은 교황을 보필했던 귀치아르디니조차 자기가 맡은 직분만 아니었다면 "마르틴 루터(Martin Luther)를 나만큼이나 사랑했을 것"이라고 토로했을 정도였다.[6] 따라서 마키아벨리가 이런 정도의 비판에 만족했다면, 그가 말하는 '전인미답'의 길은 수사적 과장에 불과했을 것이다.[7]

마키아벨리의 의중은 그가 사용하고 있는 '역사들(storie)'이라는 단어 속에 드러난다. 단수인 '역사(storia)'를 쓰지 않고 복수를 쓴 것은 물론 의도적이다. 그는 기독교인들과는 달리 역사를 신의 뜻이 관철되는 계시의 실현 과정, 즉 종말을 향해 달려가는 시간의 연속으로 바라볼 마음이 없다. 그에게 역사는 하나의 방향만 정해진, 그것도 인간의 의사와는 독립된 의지의 결과가 아니다. 그는 역사를 올망졸망한 인간의 일상, 환희와 절망의 영웅적 행동, 그리고 욕망과 열정이 만들어 내는 정치사회적 사건에 대한 수많은 이야기로 이해한다. 그리고 이 모든 것들을 통해서만 진정 '앎(eidenai)'의 지평이 넓어질 수 있다고 생각한다.

그러기에 마키아벨리는 성경에 나오는 욥처럼 신의 은총을 기다릴 수 없다. 아무 잘못도 없이, 알지도 못하는 이유에서, 신으로부터 가혹한 형벌을 받고, 그럼에도 불구하고 신의 도움을 기다리며 인내하는 욥의 태도를 받아들일 수 없다.[8] 이런 맥락에서 볼 때, 그가 자주 사용한 "신의 은총을 기다리고 있다."는 표현도 스스로의 절박한 처지를 강조하려는 수사적 표현에 불과하다.[9] 설사 그가 신앙을 가졌다 하더라도, 그의 생각은 당시 유럽 대부분의 사람들이 가졌던 기복적 태도와 크게 다르지 않다. 오늘 회개하고 내일 죄짓고, 또다시 회개하는 일상 속에, 신을 향해 행복하게 해달라고 기도하는 르네상스인(人)이었던 것이다.

이런 맥락에서 마키아벨리의 '신(Dio)'은 그리스와 로마인들이 믿었던 '운명의 여신(Fortuna)', 그리고 당시 점성술사들이 말하던 '하늘(cielo)'과, 인간 세계의 주도권을 놓고 경쟁해야만 한다.[10] 당시 이탈리아 사람들에게 익숙했던 "천지를 창조한 분은 하나님이시지만, 하늘과 운명의 여신이 인간사를 주관한다."는 통념도 훌쩍 넘어선다.[11] 모든 신들이 인간사에 개입하고, 기독교의 전지전능한 신도 이들 중 하나에 불과하다. 그리고 모든 신들은 승자만의 친구이고, 패자에게 그들은 너무나도 가혹하다.[12]

이렇듯 마키아벨리의 역사관은 기독교의 테두리를 벗어나 있다. 한편으로는 변덕스러운 '운명의 여신'이 장난질하는 예측할 수 없는 미래를 받아들이고, 다른 한편으로는 신에게 모든 것을 맡기는 삶을 거부하는 인간의 몸부림을 담는다. 전자가 정치가에게 다양한 생각과 첨예한 대립이 교차하며 빚어내는 정치적 개연성에 다시금 눈뜨게 만들었다면, 후자는 우리에게 나락에 떨어진 시민의 삶을 회복하려는 르네상스 철학자의 고뇌를 고스란히 느끼게 만든다. "갈등은 불가피할 뿐만 아니라, 잘 제도화하면 시민의 자유와 강대한 국가를 동시에 가져다줄 것"이라는 충고, 사보나롤라 이후 수많은 예언가(cantastorie)가 외치던 '신앙의 회복'만으로는 결코 이탈리아의 해방이 성취될 수 없다는 확신이 오롯이 전달되는 것이다.

그래서인지 마키아벨리는 영혼(anima)의 구원마저도 관심이 없다고 말한다.[13] 그리고 그는 '신과 이야기를 나누었다.'는 사보나롤라의 설교보다 '요정을 만났다.'는 누마(Numa)의 거짓말에 더 귀를 기울인다.[14] 할 수 있다면 정치적 목적에 종교를 이용해야 하고, 그것이 시민의 자유를 위한 일이라면 선택의 여지가 없다고 말한다. 만약 이런 선택의 순간에 주저한다면, 지옥도 과분할 것이라고 단언한다. 메디치 가문에 공화정을 넘기고 겁에 질려 도망간 피에로 소데리니(Piero Soderini)처럼, '웃긴 영혼(anima sciocca)'을 가진 정치가들은 지옥에서조차 환영받지 못할 것이라고 비꼰다.[15] 전복적인 마키아벨리에겐, 멍청하게 시대의 아픔을 인내하느니 지옥에라도 갈 각오로 온 몸을 내던지는 것이 더 선량해 보였던 것이다.

3 '가능성'의 미학에 담긴 새로운 정치

대신 마키아벨리는 '철학적 성찰'과 '시적 가능성'의 결합을 통해 인간이 역사의 주인공이 되는 시대를 꿈꾼다. 얼핏 철학과 시학, 그리고 영원에 대한 탐구와 미래에 대한 상상을 조화시키려던 아리스토텔레스의 정신을 보는 듯 느껴진다.[16] 그러나 우리는 곧 마키아벨리가 아리스토텔레스처럼 철학적 성찰을 통해 '좋은 삶(eu zen)'과 '탁월함(arete)'의 상관관계를 증명하고자 하는 욕심이 없다는 것을 알게 된다. 신중함이라는 정치가의 덕목을 '절제'라는 도덕적 주제로 가둘 생각도 없고, 실제로부터 영원을 찾아내려는 철학적 마음가짐도 없다. 다만 아리스토텔레스가 시인들에게 기대한 바를 그는 정치가들에게 요구한다. 경험과 현상의 굴레를 넘어서 미래를 상상하고 구상하기를 충고하는 것이다.

마키아벨리의 충고는 크게 두 가지 축으로 구성된다. 첫째는 로마공화정을 전혀 새로운 각도로 재구성하는 것이다. 당시 지식인들은 로마공화정을 키케로의 저술들을 통해 상상했다. 시민적 자유와 원로원의 심의가 절묘하게 조화되고, 조화로운 계층 간의 공존이 정치적 이상으로 제시되는 초기 로마공화정을 꿈꾸었다. 그러기에 그들은 귀족과 인민의 정쟁으로 혼란에 빠진 후기 로마공화정보다 귀족이 지배하는 폐쇄적인 베네치아를 선호했다. 아울러 로마제국이 가져다준 영광과 평화는 감탄하면서도, 자신들이 지향하는 초기 로마공화정의 기조를 따라 작은 도시국가를 추구했다.

마키아벨리는 당시 지식인들이 꿈꾸던 로마공화정을 이른바 '소탐대실(小貪大失)'의 부산물이라고 여긴다. 한편으로는 시민의 자유가 분열과 혼란만 가중시킨다는 귀족들과 유력 가문의 선전에 스스로를 내어놓은 꼴이라고 비판하고, 다른 한편으로는 인민의 정치 참여에 대한 습관적 반감 때문에 시대적 변화를 읽지 못했다고 한탄한다. 이런 식이라면 초기 로마공화정은커녕 카이사르와 같은 참주의 등장마저도 '국가적 위기'라는 이름으로 용인할 수밖에 없을 것이라고 지적한다. 이미 15세기부터 판을 치던 '군주정'에 대한 논의에 쐐기를 박고, 급기야 16세기에는 사라져 버릴 '공화정'에 대한 기대를 내다본 것이다.

이런 맥락에서, 마키아벨리의 로마공화정은 '조화' 대신 '갈등'에 기초한다. 인민은 눈을 부라리며 귀족의 전횡과 권력의 비리를 견제하고, 귀족은 연줄과 배경을 뒤로하고 인민의 지지를 얻기 위해 서로 경쟁한다. 이때 그라쿠스 형제의 개혁으로 노출된 초기 로마공화정의 모순은 원로원 중심의 '귀족적' 심의가 아니라, 보다 폭넓은 인민의 정치 참여를 요구하는 '민주적' 심의로 대체된다. 아울러 제도 안에서의 갈등만이 아니라 주어진 제도적 틀마저도 바꿔 버릴 수 있는 갈등까지 용인되고, 정치가들은 적대적 대치 속에서 '지배당하지 않으려는' 인민의 소극적 열망을 달성함으로써 자기들의 정치적 야망을 충족시킨다. 그리고 모두가 버거워했던 '시민적 자유'와 '제국적 팽창'의 상관관계가 새로운 전망으로 제시된다.

둘째는 정치적 야망을 가진 사람들의 열정을 극대화시키는 것이다. 마키아벨리는 당대를 대표하는 수사학적 기교를 가졌던 인물이다. 그가 굵직한 배경도 없이 어린 나이에 제2서기국 서기장이 된 것도, 소데리니 공화정부의 외교문서들을 죄다 쓰다시피 한 것도, '신의 글(divina prosa)'이라는 평가가 회자될 만큼 탁월했던 그의 문장력 때문이었다. 그는 이러한 탁월한 수사적 능력을 이탈리아의 해방에 헌신할 수 있는 '잠재적 참주'를 설득하는 데에 쏟아 붓는다. 권력자에게는 현실에 안주하지 말고 새로운 정치적 전망을 향해 나아가라고 충고하고, 미래의 지도자에게는 시민적 자유를 실현시킴으로써만 진정한 영광이 성취된다고 가르친다.

이런 과정 속에서, 마키아벨리는 '운명의 여신'마저도 거부한다. 그는 정치적 개연성과 미래의 불확실성을 인정하고 즐겼다. 그러나 그는 시류(tempi)에 순응하는 여우의 간지(奸智)보다 사자의 용맹(勇猛)이 필요한 시대에 살고 있었다. 그러기에 그는 가능성을 극대화시킬 수 있는 '대담함(audacia)'을 절제로 단련된 '탁월함(arete)'의 대안으로 제시한다. 왜냐하면 그는 신으로부터 부여받은 자유의지(libero arbitrio)나, '운명(fortuna)'과 '능력(virtù)'의 절묘한 조합으로는 즉각적인 행동을 유발할 수 없다고 판단했기 때문이다. 그리고 이탈리아의 비극을 숙명으로 받아들이지 않고, 운명의 여신마저도 제압하려는 의지를 가진 사람이 필요한 시대라는 것을 누구보다 잘 알고 있었기 때문이다.

결국 마키아벨리는 소크라테스 이후 지속된 철학적 전통과 결별한다. 그는 '좋은 삶'에 대한 헌신 대신 '비(非)지배'를 위한 최선을 목적으로 제시하고, 사실과 허구를 넘나들며 정치적 야망을 부추기는 수사를 거침없이 사용하며, 자치도시가 아니라 제국으로 확대된 로마공화정을 이상으로 제시한다. 이러한 실험은 그가 의도했든 안 했든 '자연(Natura)'이 부여한 한계를 극복하고자 하는 근대인의 염원으로 발전한다. 그리고 인간의 능력이 닿지 않는 영역에 대한 그의 과감한 무관심은 '생존 본능'과 '권력 욕구'로 옹어리진 인간의 '열정'에 대한 근대적 해법으로 귀결된다.

그럼에도 불구하고, 우리는 마키아벨리가 '도덕'을 변혁을 위한 헌신의 이유로 제시하지 않은 것을 감사해야 한다. 그는 사보나롤라의 몰락을 통해, 정치적 이상과 도덕적 요청의 결합은 보편적 정의의 실현보다 공포와 폭력의 연속으로 점철될 수 있다는 것을 잘 알고 있었다. 그러기에 그의 '권력정치(Machtpolitik)'는 인간의 흠결에 대한 이해를 바탕으로 하고, 그의 '결과주의'는 '지배'가 아니라 '비(非)지배'라는 소극적 열망의 실현을 잣대로 제시한다. 혁명의 시대와 파시즘의 출현이 가져온 비극의 파노라마를 미리 예견이라도 한 듯, 그는 정치적 이념이 아닌 삶의 이야기로 자신의 생각을 정치에 용해시키려 노력했던 것이다.

4 꿈을 잃은 보수, 삶을 외면한 진보

절망적인 상황마다 '보수는 삶을 외면하고, 진보는 꿈을 잃었

다.'는 푸념을 듣는다. 이런 푸념이 나오는 상황이라면, 마키아벨리
는 아마도 '보수는 꿈이 없고, 진보는 삶을 모른다.'고 불평했을 것
이다.

사실 마키아벨리는 당시 피렌체의 절망적 상황이 '귀족들의 나
태함'과 '민중파의 무모함'의 협주곡이라고 생각했다. 귀족들은 '가
진 것을 잃을 수 있다.'는 걱정에 전체가 몰락하는 자충수를 반복하
고, 후자는 '모든 것을 바꾸자.'는 극단적 생각에 인민의 삶을 나락
으로 이끌고 있다고 본 것이다. 그러기에 그는 일차적으로 시민적
자유를 통해 귀족들을 견제하고, 선동을 통해 권력을 장악하지 못
하는 제도를 구상한다.

그러나 마키아벨리는 이러한 제도적 구상이 모든 고민을 해결
하지 못하는 것을 잘 알고 있었다. 아울러 이런 자각이 당시 지식인
들을 패배주의적 전망에 물들게 한 것도 잘 알고 있었다. 그래서 그
는 귀족들에게 '새로운 꿈'을 주고, 민중파 정치인들에게 '삶의 모
습'을 보여 주고자 노력한다. 그리고 그는 귀족들이 자기 이익에 천
착한 이전투구로부터 벗어나 시민의 자유와 영토의 확장을 꿈꾸고,
대중정치인들(popolari)이 삶의 세계로부터 유리된 '헛된 망상'보다
'내 자식, 내 가족' 하며 살아가는 사람들의 일상을 눈여겨보기를
원한다. 그에게는 보수는 꿈꾸고, 진보는 보살필 때, 절망을 희망으
로 바꿀 기회가 만들어진다는 확신이 있었던 것이다.

물론 마키아벨리가 가졌던 모든 생각이 피렌체가 당면했던 시
대적 요구를 통해 정당화되는 것은 아니다. 특히 그가 용인했던 제

국적 팽창은 그가 내세웠던 '비(非)지배'와의 길항을 결코 해소하지 못한다. '악의 교사'라는 비난으로부터는 스스로를 방어할 수 있겠지만, 애국심을 단지 집단적 이기심의 발현으로 전락시켰다는 비판으로부터는 자유로울 수 없다. 도덕을 운운하는 것 자체가 현상 유지를 통해 이득을 보려는 자들의 수사에 불과한 시대였다고 하더라도, 국제관계의 냉혹한 현실 속에서도 '비(非)지배'를 관철하기 위해 노력했던 고전적 공화주의자들의 노력이 완전히 무익한 것은 아니라는 말이다.

그렇다고 마키아벨리의 저술들을 현재적 필요에 맞춰 왜곡시킬 필요는 없다. 그 대신 그의 주장들이 갖는 의미를 차분하게 고민하고, 다양한 각도에서 숙의할 필요가 있다. 인간의 욕망에 대한 통찰력, 정치권력에 대한 심미안, 제도적 구상에 내재된 신중함, 그리고 그의 전복적 상상력까지, 모두 있는 그대로 논의하고 토론해야 한다. 이런 과정을 통해서만, 그가 가졌던 '다수'에 대한 생각도, 그가 그렸던 제국에 대한 구상도, 모두 '비(非)지배'의 실현으로 귀결될 것이기 때문이다.

5 비(非)지배를 꿈꾸며

2013년 한 해 동안, 마키아벨리의 『군주』가 탈고된 지 500주년을 맞아 전 세계적으로 많은 행사가 개최되었다. 피렌체에서는 한

달이 멀다 하고 국제회의가 개최되었고, 유럽도 아메리카 대륙도 마키아벨리에 대한 행사들로 분주했으며, 마키아벨리에 대한 많은 책들이 다양한 언어들로 출판되었다. 아시아도 예외는 아니었다. 특히 중국은 막대한 돈을 투자해서 국제회의를 개최하고, 세계 각국의 학자들을 초청해서 마키아벨리의 현재적 의미에 대해 다각적으로 조명했다. 중국 학자들도 상당히 축적된 연구들을 선보였고, 청중들은 끝까지 자리를 지키며 학자들의 발표에 귀를 기울였다.

이 책은 마키아벨리에 대한 관심이 '『군주』탈고 500주년'을 기념하는 이런저런 행사로 끝나지 않았으면 하는 바람에서 시작되었다. 쓰고 보니, 이 책은 마키아벨리의 '토르소(torso)'가 되어 있다. 서문에서도 밝히겠지만, 그의 얼굴에 가려 보지 못했던 몸통에 대한 이야기가 된 것이다.

일천하고 부족한 지식의 소산이지만, 이 책을 통해 '비(非)지배'가 실현되는 제도에 대한 논의가 더욱 활발하게 전개될 수 있기를 소망한다.

2014년 3월
곽준혁

차례

서문:
마키아벨리의 현재적 의미

　지금 한국 사회는 정치철학의 빈곤과 정치적 상상력의 부재를 동시에 경험하고 있다. 그 이유는 크게 두 가지다. 첫째는 정치적 현상에 대해 이념적이고 규범적인 판단부터 하고 보는 습관 때문이다. 보수와 진보의 잣대로 낙인부터 찍고 보는 풍토, 방법상의 차이조차 적대적 대립으로 몰아가는 태도, 그리고 정치적 해결은 애초에 부정하면서 첨예한 사회적 갈등을 민주주의로 해결하려는 모순이 우리의 정치력을 가두어 버린다. 그래서인지 이제 누구도 어떤 민주주의가 바람직한 것인지에 대해 진지한 토론을 하려 하지 않는다. 그 대신 공허한 담론 속에 감정적 극단으로 서로의 상실감을 부추기는 행동이 재생산되고 있다.

　둘째는 '힘의 철학'에 의해 잠식된 우리의 지적 호기심이다. 지금 한국 사회는 그 어느 사회보다 권력을 맹목적으로 추구하고 있다. 권력만 잡으면 세상을 뒤집어 버릴 수 있다는 이상한 정치적 현실주의가 이제 미시적 삶의 공간까지 부패시키고 있다. 그러기에 오늘도 시장의 실패가 개개인의 무능력으로 치환되는 악순환이 되풀이되고, 최선보다 최고를 요구하는 힘의 열망이 우리의 일상을 점점 황폐하게 만들어 가고 있다. 이런 가운데 우리의 삶을 풍부하게 만들 수 있는 고민들은 대중으로부터 소외당하고, '희망 없는 현실주의'의 잔인함이 시민들의 지식에 대한 반감을 부추기고 있다.

그러나 한국 사회가 풀어야 할 숙제는 '정치'에 대한 냉소와 '힘'에 대한 맹신을 그냥 지나칠 정도로 간단하지 않다. 불확실한 미래에 대한 불안을 나 홀로 떠안고 무한 경쟁에 돌입한 젊은이들, 생계의 어려움 속에 하루하루를 한숨 쉬며 살아가야 하는 서민들, OECD 국가들 가운데 여섯 번째로 빈곤층이 많은 나라가 되어 버린 환경에서 인간다운 삶의 조건마저 상실한 극빈자들, 이 모든 것들이 잠재되었던 계층적 갈등을 극단적 대립으로 이끌 여지를 갖고 있기 때문이다. 아울러 동북아를 중심으로 재편되는 세계질서는 근현대를 지탱해 왔던 모든 질서와 사상들이 실타래처럼 엉켜 새로운 지각변동을 예고하고 있기 때문이다.

니콜로 마키아벨리(Niccolò Machiavelli, 1469-1527)의 피렌체도 이런 모습을 갖고 있었다. 그 어느 사회보다 박진감이 넘치고 활기찬 도시였지만, 메디치 가문의 복귀와 함께 생명력을 잃고 절망감에서 헤어나지 못하고 있었다. 고매한 인문주의자들은 도덕적 공론과 종교적 귀의로 현실을 회피했고, 좌절한 공화주의자들은 어설픈 권력론에 고취되어 시민들의 자유마저 위협하는 제왕적인 군주 통치의 필요성을 역설하고 나섰다. 이들은 시민들의 거듭된 변덕과 강대국의 임박한 위협으로 자신들의 비겁함을 숨길 수 있었을지 모른다. 그러나 새로운 제도의 필요조차 인식하지 못한 채 자기들의 안위에만 골몰하던 사람들로부터, 시민의 자유를 회복할 정치적 혜안을 기대하는 것 자체가 무리였을지도 모른다.

이러한 혼돈의 시기에, 정치로부터 축출당한 마키아벨리가 산탄드레아의 초라한 산장에서 글을 쓰기 시작했다. 애초에 세상과 담을 쌓고 농사나 지으며 살 생각으로 찾아온 것은 아니었다. "매 시기가 바로 일할 때(kairos)"라고 믿고 있던 헤시오도스적 인간에게 '정치'로부터의 배제는 불쾌한 여가일 뿐이었다. 그래서인지 마키아벨리는 지난 14년 동안의 공직 생활 속에서 생각한 바를 글로써 전달하기로 마음먹었다. 그리고 자신이 경험한 세계와 자기가 구상하는 제도가 기존의 틀로는 설명되지 않자, 그는 당면한 문제의 현상적 집착을 넘어 문제의 근원부터 찾으려는 여정을 시작했다. 마치 '아무도 가지 않은 길'을 찾아가는 개척자처럼, 불확실성으로 가득 찬 미지의 세계로 발을 내디딘 것이다.[17]

어쩌면 지금 우리에게 마키아벨리와 같은 용기가 필요할지 모른다. 이미 익숙한 사고방식으로부터의 자발적인 일탈, 진지한 자기반성, 그리고 사려 있는 재해석의 반복적 수행 없이는 당면한 문제에 얽힌 직접적인 이해관계가 문제를 통해 반영된 절박한 사회경제적 요구를 압도하는 것을 막을 방도가 없기 때문이다. 그리고 불확실한 미래 속에 모두가 행복할 수 있는 조건을 창출하기 위해서는 끊임없는 정치적 실험이 요구되지만, 검증되지 않은 새로운 제도가 만들어 낼 잘못된 결과까지 함께 나눌 수 있는 헌신을 모두에게 강요할 수는 없기 때문이다.

갈등의 미학

정치사상사에서 마키아벨리는 '갈등'에 대해 최초로 긍정적 논의를 시작한 철학자다. 마키아벨리 이전에도 '갈등'은 정치사상사에서 중요한 주제였지만, 늘 '문제'로 다루어졌지 '해법'으로 제시되지는 않았다. 아테네 민주정의 퇴행적 소용돌이를 경험했던 플라톤은 물론이고, 감정이 비이성적 충동이 아니라 이성적 판단을 도울 수 있다고 생각했던 아리스토텔레스조차도 '통합(homonoia)'이 다른 무엇보다 중요하다고 생각했다. 이런 전통은 '견제'와 '균형'을 정치제도의 운영 원칙으로 갖고 있던 로마공화정에서도 지속되었다. 키케로에게서 보듯, 정쟁도 전쟁도 결국 '신과 자연의 법'과 합일되는 '화합(concordia)'을 우선으로 하는 선택지의 차선책들이었다.[18] 종종 살루스티우스로부터 '갈등'에 대한 긍정적인 견해를 찾으려고 하는 사람들도 있지만, 그가 말하는 것은 '외적에 대한 공포(metus hostilis)'가 내적인 단합을 가져온다는 이야기 이상은 아니다.[19]

반면 마키아벨리는 '갈등'을 긍정적으로 바라본다. "갈등은 불가피할 뿐만 아니라 잘 제도화된다면 정치 공동체에 매우 유익할 것"이라고 한 치의 망설임도 없이 말한다. 게다가 인민들은 늘 자기의 자유를 지키기 위해 눈을 부라리며 감시하고 갈등을 통해 귀족들을 견제해야 한다고 거듭 강조한다. 내분과 외침, 그리고 파당적 정쟁과 절망적 대치를 경험했던 16세기 피렌체의 암울한 현실에서 참으로 황당한 주장이 아닐 수 없다. 당시는 귀족과 인민의 갈등이 제도화되었던 로마공화정마저도 시끄러운 나라로 취급되던 시절이었다. 그래서 모두가 죽은 듯 차분한 베네치아를 선호했던 시절이었다. 이런 시기에 "갈등은 아름답다."는 말을 어떻게 할 수 있었는지 그의 정치적 판단력이 의심스러울 정도다. 그럼에도 불구하고, 그는 오히려 '질서'를 강조하던 당시 정치 지도자들과 지식인들에게 순응이 주는 안락함에 젖어 '야심적인 게으름(ambizioso ozio)'만 남았다고 비난하는 것이다.

물론 마키아벨리가 모든 종류의 '갈등'이 아름답다고 말한 것은 아니다. 그렇지만 '절제되고 조심스러운' 갈등만 유익하다고 말한 것도 아니고, '법으로 묶여 있는' 갈등만을 아름답다고 말하지도 않았다. '갈등'은 분노가 표출되고 대립이 격해져서 제도적 장치로는 도저히 규제할 수 없는 '소요(tumulto)'까지 포함한다. 과거로는 로마공화정에서 인민들이 귀족에게 대항해서 시장의 좌판과 점포를 정리하고 군사적 의무를 거부한 채 신전으로 몰려가서 농성(secessio)한 것을 포함하고, 그의 시대로는 1378년 도시 빈민들과 하층 노동자들이 가담한 치옴피의 폭동(Il Tumulto dei Ciompi)까지 포괄한다. 만약 그가 기존의 법 테두리 안에서 이루어지는 제한된 갈등만을 이야기하고자 했다면, 로마공화정이 '갈등'을 통해 새로운 '법'과 '제도'를 창출할 수 있었다는 말은 결코 할 수 없었을 것이다.[20] 아울러 왜 피렌체에서는 갈등이 파국을 초래하고, 왜 로마공화정에서는 갈등이 새로운 법과 제도의 창출로 귀결되었는지에 대한 고민도 불필요했을 것이다.[21]

종종 마키아벨리의 '다수' 또는 '인민'에 대한 비판적 서술을 '엘리트주의' 또는 원로원 지배체제를 지향했던 '귀족적 공화주의'로 이해하려는 논의를 보게 된다. 즉 "지도자 없는 군중은 무익하다."[22]와 같은 경구를 그의 '다수'와 관련된 입장이라고 단순화하거나, 키케로와 마찬가지로 그도 원로원이 중심이 된 귀족적 공화정체를 구상했었다고 주장하는 견해를 보게 되는 것이다. 비록 이런 해석들이 제시하는 근거들이 모두 틀리지는 않았지만, 전자가 지나친 단순화라면 후자는 보수적 선입견이다.

이런 오류를 피하기 위해서라도, 마키아벨리의 갈등과 관련된 견해를 두 가지 차원으로 나누어 보아야 한다. 첫째는 갈등의 사회심리적 차원이다. 그는 어떤 갈등은 아름답고, 어떤 갈등은 문제가 있는지에 대한 뚜렷한 잣대를 갖고 있다. 단순히 큰 소동 없이 새로운 법이나 타협으로 귀결된 경우, 즉 결과론적인 관점에서만 갈등의 호불호를 밝히지 않았다는 것이다. 후술되겠지만, 그는 비교적 일관되게 어떤 동기, 어떤 원인에서 갈등이 촉발되었는지에 따라 결과와 무관하게 용납하든 비난하든 스스로의 판단을 내린다. 둘째는 갈등의 정치제도적 차원이다. 그는 '갈등'이 어떻게 조정되고 어떻게 제도화되어야 하며, '갈등'은 어떤 조건 속에서 조정되어야 하는지에 대한 명확한 구상을 갖고 있었다. 따라서 그는 갈등을 조정하는 정치 지도자들의 역할을 강조하고, 갈등의 순기능을 강화하기 위한 제도적 장치가 무엇인지를 분명히 제시한다. 갈등이 가져올 개연성에 주목하면서도, 갈등을 통해 변화를 제도화할 수 있다는 의지적 측면을 부각시킨 것이다.

이 책의 4부는 마키아벨리의 '갈등의 제도화'를 다각적으로 검토한다. I부에서 언급되는 그의 인식론적 전제들이 제도적 측면에서는 어떻게 적용되고 있으며, 그가 제시하는 제도적 구상 속에 등장하는 주요 정치 행위자들이 어떤 방식으로 갈등을 통해 제도를 창출하는지를 설명하려고 한다. 후술되듯, 마키아벨리는 갈등을 일으키는 판단이 '이성적인 영역(logos)'에 속하기보다 절제와 훈육이 필요한 '신념의 영역(doxa)'에 속하는 것을 잘 알고 있다. 그러나 그는 동시에 이러한 신념과 의견이 불러일으키는 '분노(thumos)'의 사회적 기능을 놓치지 않는다. 특히 상식을 가진 '다수(hoi polloi)'가 전제적 통치에 맞서 예속된 상태를 벗어나고자 떨쳐 일어난 행위, 그리고 이러한 행동이 초래하는 갈등이 어떤 과정을 통해 새로운 제도의 창출로 귀결되는지를 주목한다. 전자로부터는 고대 그리스의 전사 계급에게만 요구되던 기개가 어떻게 시민 다수의 정의감으로 확대되었는지, 후자로부터는 이러한 인식론적 전환 속에서 정치 지도자의 역할에 어떤 수정이 필요한지 가늠해 볼 수 있는 기회가 제공되기를 기대한다.

비(非)지배 정치

마키아벨리의 '비(非)지배'는 '해방적'이지만 '무정부적'이지 않다. 그는 '지배받지 않으려는 욕망'에서 비롯되는 갈등, 그리고 이러한 갈등이 초래하는 변화를 '억압으로부터의 해방'이라는 측면에서 바라본다. 주어진 정치제도의 틀 안에서 변화를 수용할 수 있다는 소극적 의미가 아니라, 지속적으로 나타나는 변화의 요구들이 합의된 제도화의 방법까지도 바꾸어 버릴 수 있다는 적극적 의미로 받아들이는 것이다. 그러나 그가 말하는 '비(非)지배'는 모든 형태의 통제를 억압으로 바라보는 입장이나, 무정형의 끝없는 변화를 의도하는 기획이나, 민주주의의 정신을 '자기 전복적(self-subverting)' 운동에서 찾으려는 견해와는 다소 거리가 있다.

사실 '갈등을 통한 변화'에 대한 마키아벨리의 확신이 '정치적 개연성'과 '제도적 불확정성'에 대한 수긍에서 비롯된 것은 부인할 수 없다. 그러나 우리는 그가 인민 또는 다수의 행복을 '끝없는 해방감'에서 찾지 않았다는 점도 놓쳐서는 안 된다. 그는 지속적인 혁명의 소용돌이는 소수의 탁월함에 대한 '자발적 예속'이나 지배하고자 하는 욕망으로의 '퇴행적 전이'를 초래할 수 있다고 생각했다. '자발적 예속'이 '비(非)지배'와 결코 병존할 수 없듯이, 지배하고자 하는 욕구로의 '퇴행적 전이'를 불러일으킬 수 있는 끝없는 해방감도 비(非)지배가 지향하는 바와 궁극적으로 어긋날 수 있다고 본 것이다.

이런 우려는 마키아벨리가 제시하는 '비(非)지배'의 정의에서도 잘 드러난다. 주지하다시피, 그는 사람들의 정치적 지향 또는 심리적 기질(umore)을 '지배하려는 욕구'와 '지배받지 않으려는 욕구'로 구별한다. 이때 그는 이러한 '지향' 또는 '기질'을 계층적이거나 계급적인 것으로 보지 않는다. 부자든 가난한 사람이든, 귀족이든 인민이든, '지배하려고 하는 욕구'를 가질 수 있다고 본다. 그래서 그는 사회적 지위와 무관하게, 상대적인 약자는 '지배 당하지 않으려는 욕구'를 가진다고 말한다. 그리고 하나의 기질에서 다른 하나의 기질로 전이되거나 변화되는 경우도 언급한다.[23] 한마디로, 그가 '지배받지 않으려는 소극적 열망'을 대다수 인민의 기질로 규정한 것은 특별한 수사적 의도가 내재된 것이다.

> 모든 도시(città)에는 이러한 두 개의 다른 기질들(umori)이 발견되는데, [이러한 기질들은] 이것으로부터 비롯된다. 인민은 귀족들에게 명령받거나 지배당하지 않기를 원하고, 귀족은 인민을 명령하고 지배하기를 원한다(che il populo desidera non essere comandato né oppresso da' grandi ed e' grandi desiderano comandare e opprimere el populo)는 것이다. 이러한 두 가지 다른 욕구들로부터 도시들에서 세 가지 결과들 중 하나가 발생한다. 군주정(principato), 또는 자유(libertà), 또는 방종(licenza)이다.
>
> ─『군주』, 9장 (2)

우선 우리는 그가 사용하는 '자유(libertà)'라는 단어가 로마공화정에서 '노예가 아닌 시민'의 정치사회적 지위를 의미한다는 점에 주목해야 한다. 즉 '비(非)지배'란 밖으로는 독립적이고, 안으로는 타인의 자의적 의지에 종속되지 않는 조건을 시민 모두가 향유하는 상태라는 말이다. 그 다음으로 우리는 그가 '자유'와 '방종'을 구별하고 있음을 주시해야 한다. 그는 '명령하다(comandare)'와 '억압하다(opprimere)'라는 동사를 구별해 사용하고, 후자는 '노예 상태'와 동일시하는 반면 전자는 공화정이 건설된 이후에는 '시민적 자유'와 충돌되지 않을 수 있다는 점을 적시하고 있다. 즉 그에게 '비(非)지배'는 곧 '공화정'의 특성이고, '비(非)지배'의 실현은 곧 '공화정'의 건설을 의미하는 것이다.

이런 맥락에서 마키아벨리의 '비(非)지배'는 '무(無)정부'와 구별되고, 그의 정치사상은 전자가 후자에 대해 갖는 우위를 전달한다. 때로는 모순된 수사적 이탈도 있지만, 그는 '비(非)지배 욕구'를 억압된 사람들의 열망으로, 그리고 정치권력으로부터 거리가 있는 다수의 기질로 이해시키려고 노력한다. 설사 인민이 '지배하려는 욕구'가 노출되더라도, 그는 이런 욕구는 오직 비(非)지배가 보장된 '공화정'에서만 발견될 수 있는 퇴행이라고 일축한다. 그럼으로써 그는 '지배당하지 않으려는 욕구'의 해방적 실현을 공화정의 건설이라는 제도적 구상과 연관시키고, 공화정의 수립 이후에도 지속되는 끝없는 해방감은 방종으로 귀결될 수 있음을 경고한다. 그에게 갈등을 통해 구성될 '공화정'의 내용은 불확정적이지만, 정치사회적 조건으로서 '비(非)지배' 자유를 제도화해야 한다는 방향성만큼은 뚜렷했던 것이다.

이 책의 5부는 마키아벨리의 리더십을 '비(非)지배'라는 측면에서 새롭게 조명한다. 대다수의 시민이 갖는 소극적인 속성, 즉 '지배받지 않으려는 열망'을 실현할 수 있는 역량과 지혜가 곧 그가 미래의 정치 지도자들에게 요구하던 리더십의 내용이었다는 점이 강조될 것이다. 그리고 바로 이것이 그의 '기만'에 대한 충고와 '다수'에 대한 신념이 서로 어긋나지 않는 이유이며, 바로 이것이 민주주의가 보편화된 오늘날에도 마키아벨리의 정치적 현실주의가 의미를 갖는 이유라는 설명이 수반될 것이다. 이 과정을 통해 '지배'가 아니라 '비(非)지배'가 시민들의 정치적 목표가 되어야 한다는 점이 설득되기를 기대한다. 만약 정치집단들이 자신들의 의사를 표현하고 동의를 획득하는 과정을 '지배'와 '피지배'의 이분법적 구조가 아니라 '비(非)지배의 관철'이라는 관점에서 바라보게 된다면, '힘의 논리'에 기초한 비관적 현실주의가 아니라 '시민적 견제력'에 기초한 변화의 제도화가 우리의 정치적 삶을 보다 풍부하게 만들 수 있다는 생각이 전달될 수 있기를 희망한다.

종파와 파당

갈등의 조정은 무엇보다 '다양성'이 존중되고 '상호 신뢰'가 확보될 수 있는 대화의 장(場)을 요구한다. 그리고 이러한 대화의 장은 최소한 세 가지 인식론적 전환을 우선적으로 필요로 한다.

첫째는 주어진 모든 것을 의심하지만 진리가 존재한다는 사실 그 자체를 부정하지 않는 소크라테스적 회의주의(Socratic Skepticism)다. 일반적으로 소크라테스적 회의주의는 상대주의와 구별된다. 왜냐하면 소크라테스는 주어진 모든 것을 의심한다는 점에서 상대주의와 유사하지만, 다수의 지지만 얻으면 그것이 곧 진리가 될 수 있다는 편견(doxai)을 거부함으로써 대중의 의사와는 독립된 진정한 진리를 찾고자 노력했기 때문이다. 이때 '알 수 없음(aporia)'은 치명적인 논리적 허점이나 논박에서의 패배를 의미하기보다 모든 것을 알 수 없는 인간의 한계에 대한 진지한 자각이 담겨 있고, 이러한 자각은 상대방의 말에 귀를 기울이는 적극적인 자세와 인간의 한계를 넘어선 진리에 대한 철학적 성찰을 유도한다. 여기에는 어떤 자명하고 절대적인 원칙을 통해 진리를 재단하려거나 이성적으로 상대방에게 무엇인가를 주입하려는 오만은 없다. 동시에 아무것도 선험적으로 주어진 것이 없기에 백지 상태에서 좌중의 동의를 통해 진리를 구성하면 그만이라는 무분별함도 없다. 진지한 성찰과 개방된 대화에 기초한 의사결정만이 갈등 해소의 지름길이라는 묵시적 합의가 존재할 뿐이다.

둘째는 집단 지성의 정치사회적 조건으로서 '다양성'이다. 아리스토텔레스는 소수의 '탁월한(spoudaios)' 사람들보다 상식적인 '다수(hoi polloi)'가 보다 나은 결정을 내릴 수 있는 조건을 다음과 같이 열거했다.[24] 개개인이 의사를 '소통'하는 것이 아니라 '모두 함께' 심의해야 하고, 자유롭게 말할 수 있는 조건이 갖추어져야 하고, 다양성이 확보되어야 한다는 것이다. 특히 그는 '다양성'을 올바른 집단 지성의 형성에 매우 중요한 전제조건으로 제시한다. 요리를 하나씩 만들어 오는 잔치(sumphorēta)에 초대받은 사람들이 똑같은 종류의 음식을 가지고 왔다고 가정해 보자. 동일한 종류의 음식을 맛보는 사람들이나, 음식을 만들어 가져온 사람들이나 잔치로부터 만족을 얻을 수 없을 것이다. 의도하지 않은 경쟁과, 보람도 없는 노력에 사람들은 참여의 의지가 꺾일 것이고, 한 명의 탁월한 요리사에게 모든 것을 맡기는 것이 효율적일 뿐만 아니라 더 낫다는 여론이 형성될 것이다.

셋째는 비판이 가져올 상처에 대한 정치적 숙고다. 고대 서양 정치철학에서는 개개인의 도덕성을 함양하기 위해 행해지는 '수치심(aidōs)', 또는 이러한 '수치심'이 매개된 교육(paideia)을 '낙인찍기'와 관련된 '수치심(aischunē)'과 구별해서 사고했다. 전자는 '무지에 대한 자각'이 불러일으키는 수치심으로 상대의 자율성을 파괴하지 않으면서도 자기 개발을 유도할 수 있는 범위에서 용인되었다. 반면 후자는 관계의 절연과 사회로부터의 배제를 통해 인간의 존엄성을 심각하게 침해할 수 있다는 전제에서 금기시했다. 동일한 맥락에서, 서양의 고전은 부끄러움을 경험할 대상의 인간적 존엄과 자율적 판단을 존중하라고 주문한다. 그리고 사회적 관계로부터 '격리'와 '소외'가 가져올 공포(phobos), 그리고 이러한 공포가 가져다준 고통이 개인의 판단력을 구속할 수 있음을 경계한다. 따라서 수치심의 공적 사용은 매우 위험한 행위로 간주했다. 왜냐하면 수치심이 공적으로 사용될 때, 대중은 스스로도 그러한 실수 또는 그러한 위치에 있을 수 있는 허약한 존재라는 동류 의식을 발휘할 공간이 축소되기 때문이다.

　마키아벨리는 조국 피렌체가 이러한 환경을 조성하는 데 실패했다고 탄식한다. "갈등은 아름답다."고 거침없이 말하던 그가 피렌체에서 벌어졌던 "절망적 대치는 아름답지 않다."고 토로한 것이다.[25] 이때 그가 피렌체의 역사에서 들추어낸 문제가 바로 '종파(setta)'적 갈등, 즉 "모두가 신의 목소리를 대변한다고 자임하는 투쟁"이었다. 그의 설명을 따르면, 로마공화정에서 벌어진 귀족과 인민들의 치열한 갈등은 이른바 '파당(parte)'과 '분열(divisione)'이었다. 개인 또는 집단들 사이의 이해관계의 충돌과 상황 인식의 차이에서 비롯된 대립, 그리고 조금이라도 자기의 것을 더 확보하려는 힘겨루기였다는 것이다. 반면 그에게 피렌체의 갈등은 옳고 그름의 잣대를 놓고 벌어지는 싸움, 즉 어느 한쪽이 틀렸다는 것이 증명되거나 굴복해야 끝나는 전력투구였다. 차이가 인정될 수 없고, 공존은 불가능했으며, 대화와 설득은 선전과 교화의 도구로 전락한, 전형적인 종파적 갈등이었다고 개탄했던 것이다.

　그래서 마키아벨리가 바라본 피렌체의 역사는 '파당적 분열'의 '종파적 갈등'으로의 진화다. 로마 교황이 피렌체의 정치에 관여한 1434년을 시작으로, 사보나롤라의 신을 앞세운 개혁을 종파적 갈등의 강화로, 메디치 가문의 교황의 등장을 특정 종파의 득세로 이해한 것이다. 그리고 로마공화정에서 벌어졌던 극단적 대치마저도 외세를 끌어들여서라도 정적을 제거하는 것이 생존의 법칙이 되어 버린 피렌체의 갈등과 애써 구별한다. 그리고 그는 피렌체에서 "분열은 종파로, 종파는 파멸로(dalla divisione alle sètte, dalle sètte alla rovina)" 치달았다고 지적한다.[26] 모두가 '신'이 되어 버린 나라, 모두가 자신이 '신'인 것처럼 판단하는 나라의 정치에 대한 환멸을 숨기지 않는 것이다.

공공선을 놓고 벌어지는 갈등은 개별적인 것으로부터 일반적인 것으로의 전환이 불가피한 경우가 많다. 파당적 갈등과 종파적 대치를 현상적으로 구별하기도 쉽지 않고, 정치적 사안들을 놓고 벌어지는 분쟁(agon)에서 첨예한 갈등을 불러일으킬 주제들이 모두 배제된 '따뜻한 담소(sermo)'를 기대할 수도 없다. 또한 파당적 갈등이 종파적 대치로 치닫는 것을 막아야 한다는 생각이 오히려 민주적 심의를 가로막는 장애가 될 경우도 있다. 그럼에도 불구하고, 마키아벨리의 '종파'적 갈등에 대한 충고는 민주주의가 보편화된 오늘날에 더욱 절실하다. '모든 것을 안다.'는 닫힌 마음보다 '모든 것을 한 번 의심해 본다.'는 열린 마음, 하나의 잣대가 아니라 여러 잣대가 동일한 사안과 현상에 적용될 수 있다는 인식, 그리고 공존의 가능성을 파괴하기보다 그 가능성을 만드는 리더십이 그 어느 때보다 더 필요하기 때문이다.

경계와 편견

최근 '민주주의'에 대한 불만이 지구적 차원에서 폭증하고 있다. 한편으로는 세계 어디에서나 관공서나 공공장소를 점유하면서 제도 밖에서 자기들의 목소리를 내는 사람들을 어렵지 않게 볼 수 있고, 다른 한편으로는 전투적인 활동가들과 인터넷 매체가 형성하는 인상적인 주제에 대해서만 시민들이 간헐적으로 반응하는 일상적 무관심이 팽배해 있다. 상반된 현상인 것 같지만, 기존의 제도 안에 갇힌 '민주주의'에 대한 불만을 대변하고 있다는 점에서 둘은 유사한 정치적 태도다. 그래서 혹자는 다양한 형태로 분출되는 대중의 요구를 수용하기 위해서라도 새로운 형태의 민주주의를 고민해야 할 시점이라고 말하기도 하고, 혹자는 지금이 바로 즉흥적으로 형성되는 집단행동이 초래할 위험과 불안을 방지할 보다 체계적인 규제가 필요한 때라고 목소리를 높인다.

우리도 절망적 '대치(deinon)'를 불러오는 '정치 없는 민주주의'를 경험하고 있다. 좋은 판단은 다양한 의견의 수렴에서 비롯된다는 것을 모두가 알지만, 그 누구도 정치적 타산과 일시적 손해를 접어 둘 마음의 여유가 없다. 위임된 권한에 대한 어떤 반대도 참을 수 없다는 듯이 행동하는 정부, 유권자들의 의사를 뒤늦게 따라가며 정치적 타산에만 몰입하는 대중정당, 이념적 도덕률에 심취해서 시민의 정의감을 불필요한 곳에 소진시키는 대중 운동, 그 어느 것에서도 규범적 가치가 초래하는 갈등에도 정치적 판단이 필요하다는 자각이 없다. 민주주의의 절차는 있지만 정치는 없고, 통치는 있어도 민주주의의 내용이 없으며, 변화에 대한 열망은 있지만 운동에 선재하는 신중함은 결여되어 있다.

이렇게 민주주의가 위기에 처할 때마다, 집단 지성에 대한 회의와 새로운 지도자에 대한 기대가 무르익는다. 전자는 반민주적이고 후자는 민주적이라고 말할지도 모른다. 그러나 두 현상은 동전의 양면과 같다. 집단지성에 대한 회의는 탁월한 집단 또는 개인의 판단에 미래를 맡기자는 입장과 맞물려 있고, 새로운 지도자에 대한 기대도 그 지도자가 무엇을 대표하고 대변하든 다수의 시민이 아니라 한 사람의 판단에 변화의 축을 두기 때문이다. 사실 민주주의의 유지와 개선이라는 측면에서 볼 때, 후자만큼이나 전자가 위험하다. 아테네 민주정도 열 명의 군사 지도자(strategoi)만큼은 추첨이 아니라 선거를 통해 선출했듯이, 집단지성에 대한 회의는 '대표성'과 같은 정치 원칙에 대한 고민으로 귀결될 수 있다. 반면 새로운 지도자에 대한 지나친 기대는 민주적 심의를 통해 변화가 제도화될 수 있는 문을 닫아 버린다. '한 사람'에게 전체가 가야 할 미래가 걸려 있다는 입장에는 민주적 심의를 회피하거나 생략할 수 있다는 생각이 잠재되어 있기 때문이다.

이런 맥락에서, 마키아벨리는 '혁명(rivoluzione)'이라는 단어를 거의 사용하지 않는다. 마치 건강한 시민들의 '정의감(thumos)'을 불필요한 곳에 소진시킬 수 없다는 듯, 로마공화정의 건설과 유지에 대해 설명하는 『강의』에서는 단 한 번도 사용하지 않는다. 자기의 비극적인 상황마저도 희화화하기를 주저하지 않았던 말 많던 사람이 '혁명'에 침묵하는 것이다. 그 대신 '지배받지 않으려는 열망'이 불러일으킨 '소동(accidente)', 그리고 참주를 살해하려는 '음모(congiura)'에 대해 너무나도 장황하게 설명한다. 마치 혁명은 수많은 예기치 않은 경로와 우연을 통해 '지배받지 않으려는 욕구'가 '지배하려는 욕구'로 전환된다고 생각한 듯, 그는 혁명적 대치를 계층 간의 공존으로 유도하는 지도자들만 눈에 띄게 부각시킨다.

아울러 마키아벨리는 '지배받지 않으려는 욕망'에 사로잡힌 인민을 싸잡아 비난하지 않는다.[27] 로마공화정의 몰락을 설명하면서도 그는 인민에게 '비(非)지배'가 아니라 '지배'에 대한 욕구를 심어준 정치 지도자들을 비판한다. 그리고 그는 '다수'가 비(非)지배를 꿈꿀 때 시민적 자유가 확보될 수 있고, '소수'가 비(非)지배를 위해 노력할 때 정치 공동체는 건강함을 유지할 수 있다고 말한다. 여기에는 '과두제의 철칙'과 같은 편견은 없다. 다만 냉혹하리만큼 차분한 정치적 현실주의, 그리고 욕망과 실수가 버무려진 인간 사회에 대한 통찰력만이 번득일 뿐이다. 그리고 '다수'가 정치에 참여하는 궁극적인 목적은 '지배받지 않고자 하는 것'이어야 하고, '다수'가 지배를 꿈꿀 때에는 '다수'가 이미 '소수'의 선동과 야망에 사로잡혔을 가능성이 크다는 관찰이 내재되었을 뿐이다.

우리는 수없이 많은 마키아벨리의 얼굴을 기억하고 있다. 악마의 분장을 한 모사꾼으로부터, 조국의 미래를 걱정하며 말을 달리던 애국자까지, 그의 얼굴은 참으로 여러 모습으로 우리들의 뇌리에 각인되어 있다. 그래서인지 우리는 그의 몸통을 보지 못할 때가 많다. 어떤 생각에서 그런 말을 했는지를 파악하기 전에 그가 던진 수사적 표현에 매몰되고, 어떤 입장인지 이해하기 전에 시대사적 흐름에 얽히며, 어떤 의미인지 고민하기 전에 편견에 우리 스스로를 내어놓는다. 그리고 이미 마키아벨리를 만나기 전부터 가졌던 오랜 습관을 그의 책을 통해 강화한다. 권력정치, 인간 본성, 현실주의, 이상주의, 공화주의, 자유주의, 민주주의, 제국주의 등, 고착화된 신념이 마키아벨리를 통해 정치적 현실주의로 옷을 갈아입는다.

이 책은 이런 익숙한 부분들을 생략한 마키아벨리의 '토르소(torso)'다. 턱없이 설익은 연구자지만, 이 책을 통해 지금까지 편견 속에 가려졌던 그의 진심이 조금이나마 전달되길 원한다. 그럼으로써, 현재의 문제가 유발한 열정적 운동이 관찰자적 안목과 신중함을 통해 삶의 세계로 돌아오는 과정이 반복되고, 사회적 갈등이 성찰적 지성과 의견의 다양성을 최초부터 부정하지 않도록 제도적 장치가 마련되길 희망한다. 그리고 자유주의자는 자유로운 선택만이 아니라 자유로운 삶이 가능한 정치사회적 조건을 더욱 고민하고, 공화주의자는 시민적 연대만큼이나 개인의 자율성을 더 절실하게 요구하며, 급진주의자는 혁명이 아니라 절차에서 해답을 찾고, 보수주의자는 유지가 아니라 개선에서 희망을 찾는, 그러한 역설이 마키아벨리를 통해 우리의 정치적 삶 속에 자리 잡기를 기대한다.

로렌초 바르톨리니, 「니콜로 마키아벨리」(1846)

피렌체 우피치 미술관 마당에 있는 마키아벨리 동상으로, 이탈리아 신고전주의 조각가 로렌초 바르톨리니가 2년에 걸쳐 조각해 완성한 것이다. 산티 디 티토의 초상화에 기초했지만, 정치철학자로서 마키아벨리의 모습을 더 강조하고자 했다. 인물의 특성과 시대의 열망이 작가적 상상력을 통해 절묘하게 조화된 작품으로, 19세기 이탈리아 통일운동시기(Risorgimento)를 대표하는 걸작 중 하나로 손꼽힌다.

1부
마키아벨리의
토르소

내 의도는 그것을 이해하는 사람이면 누구든지 쓸모가 있는 것 (cosa che sia utile a chi la intende)을 쓰려는 것이기에, 그것에 대한 상상보다 그것의 실질적 진리(la verità effettuale)를 직접 다루는 것이 더 적절해 보인다. 많은 사람들이 결코 목도된 적이 없고 실제로 존재하는지 알 수 없는 공화정과 군주정을 상상해 왔다. 어떻게 사느냐와 어떻게 살아야 하느냐는 너무나 다르기 때문에, 해야 할 바를 하는 것에서 손을 놓은 사람은 [자기의] 보존보다 파멸을 배울 것이다.

—『군주』, 15장 (3)-(5)

인간에 대해 일반적으로 이렇게 말할 수 있을 것이다. [인간들은] 배은망덕하고, 변덕스럽고, 가장(假裝)하고 위장(僞裝)하며(simulatori e dissimulatori), 위험은 꺼리고 이익에는 열심이라고 말이다.

—『군주』, 17장 (10)

공화정을 세우고 법률을 제정하려는 사람이라면 누구든지 모든 인간은 나쁘다는 것과 자유로운 기회가 주어지면 언제든지 그들의 사악한 정신(la malignità dello animo)을 사용한다는 것을 전제해야(presupporre) 한다.

—『강의』, I권 3장 (2)

그러기에 배고픔과 가난이 인간을 근면하게 하고, 법(le leggi)이 그들을 선하게 만든다는 말이 있다.

—『강의』, I권 3장 (6)

마키아벨리는 '정치적 현실주의자'로 알려져 있다. 그러나 그의 정치철학이 표방하는 '정치적 현실주의'가 무엇인지에 대해서는 일치된 의견이 없다. 그의 정치적 조언이 실제 자신이 경험한 바에 기초해서 작성되었기 때문이라는 설명이 따르기도 하고, 그가 힘에 대한 남다른 통찰력을 갖고 있었다고 이야기되기도 하며, 그의 저술에서 인간의 이기적 본성에 기초한 지배와 피지배의 권력관계를 적나라하게 기술한 부분이 제시되기도 한다. 14년 공직 경험, 폭력의 효과적 사용, 동물적 생존 본능, 종교의 정치적 이용, 정치와 도덕의 길항, 국가 이성, 그리고 견제와 균형의 제도적 설계까지, 모두 그의 정치적 현실주의를 설명하는 근거로 사용된다.

사실 마키아벨리의 '정치적 현실주의'는 정교하지도 풍부하지도 않다. 플라톤에게서 볼 수 있는 '욕망(eros)'에 대한 철학적 성찰도 없고, 아리스토텔레스에게서 보았던 감정에 대한 수사학적 설명도 없으며, 아우구스티누스가 보여 주었던 지배욕과 이기심에 대한 심리학적 분석도 없다. 형이상학적 성찰은 처음부터 배제되고, 사악한 인간 본성에 대한 설명도 일반적 논의의 종합이며, 갈등에 대한 정치심리학적 분석도 '지배하려는 욕망'과 '지배받지 않으려는 욕망'의 단순한 이분법에 의존한다.

그럼에도 불구하고, 마키아벨리가 '정치적 현실주의'를 대표하게 된 이유는 다음 세 가지 측면에서 그의 정치철학이 갖는 독특한 성격 때문이다.

첫째, 마키아벨리는 국외 '전쟁'과 국내 '정쟁'의 구분이 없는 '권력정치'에 대한 새로운 이해를 제공했다. 많은 사람들이 마키아벨리의 '권력정치(Machtpolitik)'를 국제질서의 냉혹함에 대한 이야기로 이해하는 경향을 보인다. 그러나 자국의 이익을 위해 '힘'과 '권력'을 추구하는 국제질서의 냉혹함에 대한 이야기는 마키아벨리의 전유물이 아니다. 투키디데스가 일찍이 그의 역사책에서 소개했듯이, 무정부 상태인 국제관계에서 국가는 불확실성을 제거하기 위해 '힘'을 우선적으로 추구할 수밖에 없다는 주장은 인류의 역사만큼이나 오래되었다.[28] 오히려 마키아벨리의 새로움은 군사적 개념을 국내 정치에도 적용하고, '힘'과 '권력'에 대한 인간의 이기적 욕망을 제어하기보다 부추기는 태도를 보였다는 점일 것이다. 주지하다시피, 그는 살인과 폭력을 조언하고, 끝없는 힘의 추구를 '영광'의 성취로 두둔하며, 인간적 한계가 '힘'을 통해 극복되는 역사관을 갖고 있다. 즉 그의 '권력정치'는 인간의 이기적 욕망에 기초한 '힘'의 추구가 국내외 정치에 똑같이 적용되는 새로운 형태의 '힘'에 대한 성찰이었고, 신(神)이 아니라 인간의 '힘'을 통해 이탈리아를 절망으로부터 해방시키려는 새로운 내용의 구속사(救贖史)적 열망을 대변했던 것이다.[29]

둘째는 '결과주의'다. 마키아벨리의 결과주의는 종종 "목적이 수단을 합리화한다."와 같은 경구로 대변된다. 그러나 마키아벨리는 이 말을 한 번도 언급한 적이 없다. 비록 많은 사람들의 입에 오르내리지만, 『군주』에서도 『강의』에서도 그는 이런 말을 쓴 적이 없다. 다만 그는 군주와 공화정의 지도자들에게 "국정을 운영함에 있어, 무엇보다 결과를 염두에 두어야 한다."는 충고를 한다.[30] 이때 그가 말하는 '결과(fine)'란 '다수의 지지'도 '군주의 만족'도 아니다. 즉 '갖은 수단'과 '의도된 결과'의 상관관계를 말하는 것이 아니라는 말이다. 이때 그가 말하는 '결과'는 '다수의 안전'이다. 즉 군주는 자기의 '국가를 유지(mantenere lo stato)'하기 위해, 그리고 공화정의 지도자들은 시민의 자유를 지키기 위해, 다수의 '일반적 안전(la sicurtà universale)'을 국정의 일순위로 상정해야 한다는 것이다. 이런 맥락에서, 마키아벨리는 어떤 절대적 가치 또는 특정 행위의 패턴이 정치적 행위를 규정해야 한다는 도덕적 요구를 거부한다. 만약 그에게 공동체 구성원들이 공유해야 할 가치가 있다면, 그것은 '어떤 사람이 되어야 한다.'는 당위적 이상이 아니라 '다수의 안전' 또는 '비(非)지배 자유'를 실현하기 위한 현실적 과제일 뿐이다. 따라서 그의 결과주의는 '도덕'과 '정치'의 구분이라는 일반적 평가보다 더 깊은 정치적 성찰과 더 정교한 수사적 해석을 요구한다.

셋째, 마키아벨리의 공화주의가 갖는 민중주의적이고 제국주의적인 성격 때문이다. 14세기에 불어닥쳤던 군주정에 대한 지식인들의 호감도, 1512년의 메디치 가문의 귀환이 가져온 공화파의 퇴조도, 마키아벨리의 공화정에 대한 확신을 무너뜨리지 못했다.『군주』조차도 '자유(libertà)'의 용례를 따라가면 결국 공화정이 군주정보다 우월한 정치체제라는 설득과 마주치게 된다.『강의』는 '정치적 삶(vivere politico)', '공적 힘(forze publiche)', 그리고 '공공선(bene comune)'과 같은 공화주의자들의 언어로 넘쳐난다. 그럼에도 불구하고, 마키아벨리는 고전적 공화주의자들과 다른 내용의 견해를 '통치술(arcana imperii)'이라는 틀 속에서 거침없이 제시한다. 여기에서 고전적 공화주의의 '조화(homonoia)'라는 덕목은 '갈등의 미학'으로 대체되고, '자치(autarkeia)'로 충분했던 공동체의 안전에 대한 충고들은 '팽창'의 불가피함을 역설하는 주장들 속에서 설득력을 잃는다. 그리고 '인민의 정치 참여'는 불가피한 시대적 요구로 간주되고, 집단으로서 '인민'은 거대한 제국을 만들 가장 중요한 정치적 '힘'으로 부상한다. 이때 '조정자(gubernator)'로서 정치가의 역할은 있지만, 원로원이 중심이 된 '귀족적 심의'는 시민을 대상으로 하는 보다 '민주적'인 심의로 대체된다. 이런 과정을 통해 마키아벨리는 고전적 공화주의의 빗장을 조심스럽게 푼다.

I부는 마키아벨리의 '토르소(torso)' 중에 토르소다. 잘 알려진

얼굴 때문에 지금까지 눈여겨보지 못한 마키아벨리의 생각들을 세 가지 범주에서 정리했다. 그래서 수없이 많은 얼굴들로 표현되어 온 그의 단면들을 엮을 수 있는 인식론적 토대를 제공하고자 한다. 물론 마키아벨리의 정치사상은 다양한 해석에 열려 있다. 한편으로는 '과학'이라는 이름으로 재단할 수 없는 철학적 성찰이 존재하고, 다른 한편으로는 '힘'만으로 해결할 수 없는 정치적 개연성이 녹아 있다. 그러나 모든 해석이 옳은 것은 아니다. 후술하겠지만, 마키아벨리의 저술에는 수사적 기교로도 가려질 수 없는 자기만의 뚜렷한 정치적 이상과 제도적 구상이 있다. 그러기에 그 어떤 해석도, 마키아벨리의 열정 속에 살아 있는 공화주의자로서의 꿈을 훼손시킬 수는 없다. I부에서 전개되는 세 가지 범주의 이야기를 통해, '비(非)지배를 꿈꾼 현실주의자'의 진솔하지만 냉철한 혜안을 발견할 수 있기를 기대한다.

1장
권력정치

[영토를] 획득하기를 열망하는 것은 분명 매우 자연스럽고 정상적인 일이다. 그리고 할 수 있는 사람들이 그렇게 했을 때 그들은 항상 칭찬을 받지, 비난을 받지 않는다. 그러나 할 수 없을 때 어떤 방식으로든 그렇게 하려는 데에는 실수와 비난이 있다.

—『군주』, 3장 (40)

누군가 자기 조국의 안전(la salute della patria)에 대해 심사숙고하는 경우, 정당한지 정당하지 않은지, 자비로운지 잔인한지, 칭송받을 만한지 불명예스러운지를 고려할 필요가 없다. 당연히 다른 모든 측면을 제쳐 두고, 조국을 구하고 그 자유를 유지하는 정책을 전적으로 따라야 한다.

—『강의』, 3권 41장 (5)

왜냐하면 자기의 권력(la potenza propria)을 공공의 효용(l'utile publico)보다 더 생각했기에, 처음에는 옥타비아누스, 그리고 다음으로는 티베리우스가 더 쉽게 통솔하기 위해 로마 인민들을 무장해제시켰고, 군대를 지속적으로 제국의 국경에 주둔시켰다.

—『전술』, I권 (87)

새로운 시대

1494년 프랑스 샤를 8세의 이탈리아 침공은 '자치'와 '문명'을 자랑하던 이탈리아 도시국가들에게는 한마디로 충격이었다. 우선 이 사건은 유럽 대륙의 개별 국가들이 로마 교회의 정신적 굴레에서 벗어나 독자적 행보를 시작했다는 것을 의미했다. 물론 변화는 13세기 말에 아무런 소득도 없이 끝난 십자군 원정, 그리고 14세기 초 세속 권력에 굴복해서 교황청이 프랑스 아비뇽으로 옮겨졌을 때부터 서서히 노출되기 시작했다. 그러나 기독교는 여전히 유럽 각국들을 하나의 끈으로 엮어 주고 있었고, 로마 교회는 부인할 수 없는 정신적 힘으로 존속했다. 반면 샤를 8세의 이탈리아 침공은 바로 이러한 기독교적 유대가 무너지고 있다는 사실을 일반인들까지 느낄 수 있도록 만들었다. 기독교 가치관과 세속의 정치권력이 교황의 종교적 권위를 통해 더 이상 통합될 수 없다는 사실을 만천하에 알린 상징적 사건이었던 것이다.

동시에 샤를 8세의 이탈리아 침공은 봉건 제후들의 수평적 연대가 아니라 거대한 영토를 한 명의 왕이 다스리는 새로운 형태의 국가가 등장했다는 시대사적 변화를 반영했다. 십자군 전쟁은 수많은 봉건 영주의 죽음을 가져왔고, 영주를 잃은 대부분의 봉토들이 국왕에게 귀속되었다. 그러나 이것은 이후 국왕을 중심으로 하는 수직적 연계, 즉 '절대왕정'의 시대가 도래했음을 알리는 서막에 불과했다. 영국과 프랑스 사이의 '백년전쟁'(1337-1453)에서 보듯, 14세기 초부터 혈연적 유대와 봉건적 결속은 국왕의 영토적 경계 안에서 급격히 와해되고 있었다. 그 결과 영국은 '장미전쟁'(1455-1485) 이후 튜더왕조가 들어섰고, 프랑스는 1469년 루이 11세에 의해 절대왕정이 수립되었다. 그리고 스페인이 아라곤의 페르난도 2세와 카스티야의 이사벨 1세의 결혼으로 통합되었고, 1492년 그라나다 공략에 성공함으로써 스페인은 새로운 유럽의 강자로 등장했다. 마키아벨리가 『군주』에서 말하는 이른바 '국가를 유지하는 일'이 군주의 최대 목표이자 개별 국가의 생존이 달린 문제로 대두된 것이다.

이러한 변화들은 결국 이탈리아 반도에서 더 이상 전통적인 방법으로 평화를 가져올 수 없는 시대가 왔음을 의미했다. 최초의 변화는 로마 교황의 정치적 행보와 신성로마제국 황제의 무기력한 모습에서 일찌감치 감지되었다. 14세기부터 로마 교황은 생존을 위해 이탈리아의 다른 도시국가들과 함께 경쟁해야 하는 처지에 놓였다. 때로는 베네치아, 때로는 나폴리, 동맹과 배반을 반복하며 스스로를 지켜야 했던 것이다. 이런 상황은 신성로마제국이 더 이상 명목상의 권위조차 유지할 수 없는 상태에서 더욱 가속되었다. 즉 이탈리아 반도는 14세기부터 거대 도시국가들의 생존을 위한 전쟁터로 돌변했고, 이들 간의 평화는 '세력균형'이라는 힘의 역학에 전적으로 의존하게 되었던 것이다.

그러나 이러한 세력균형마저도 유럽의 강대국들이 이탈리아 반도의 풍요와 번영을 나누어 가지고자 할 때에는 더 이상 그 역할을 하지 못했다. 엄밀하게 말하자면, 베네치아를 제외하고, 이탈리아의 도시국가들은 스스로를 방어해 낼 군사력조차 갖지 못했다. 상업을 통해 많은 부를 축적했지만, 강대국을 상대할 만한 상비군도 민병대도 없었다. 그러기에 이탈리아의 거대 도시들은 '외교'를 통해 분쟁을 해소하는 데 전력을 다했다. 막상 전쟁이 터지면, 지리멸렬해서 도망가는 용병들을 망연히 쳐다보며 항복하기가 일쑤였다. 한마디로 말하자면, 1492년 로렌초 메디치(Lorenzo de Medici)의 죽음으로 세력균형을 통한 이탈리아의 평화는 종말을 고한 것이나 다름이 없었다. 수완에 품위까지 곁들였던 로렌초가 나폴리와 밀라노를 엮어 베네치아와 로마 교황을 견제했던 시대는 더 이상 재연될 수 없었던 것이다.

힘의 미학

마키아벨리는 이런 시대에 '힘(forza)'에 대해 눈을 뜬다. 그 이전에도 그 이후에도 많은 사상가들이 '힘'과 '권력'에 대해 주목했지만, 그는 '힘'과 '시민의 자유(libertà)'가 결코 상충되지 않는다는 신념을 누구보다 확고하게 가졌던 최초의 정치철학자였다. 그러기에 세력균형을 통해 이탈리아의 맹주로 군림했던 피렌체의 몰락도, 월등한 문명과 부를 가지고도 강대국의 먹잇감으로 전락할 수밖에 없는 이탈리아의 운명도, 그는 '힘'에 대한 통찰력에 기초한 제도적 구상과 전략적 실천을 통해 충분히 극복될 수 있다고 믿었다. 그리고 그는 당시 정치 지도자들과 지식인들에게는 전혀 익숙하지 않은 충고를 한다. '외교'에 몰입했던 이탈리아 군주들에게 '힘'을 통한 평화를 가르치고, '용병'을 믿었던 귀족들에게 '인민'의 무장을 역설한다. 몰락한 비잔티움 제국으로부터 배운 '외교'를 버리고, 정체된 베네치아의 '안정' 뒤에 도사린 귀족의 전횡을 비웃으며, 시민의 힘만으로 주변의 강력한 적들을 하나씩 굴복시킨 로마공화정으로 돌아가고자 한 것이다.

종종 '폭력의 경제학(the economy of violence)'이라는 말로 마키아벨리의 '힘'에 대한 통찰을 단순화하는 경우를 보게 된다. 그러나 만약 이 말이 정치적 목적을 이루기 위한 '폭력'의 제한적인 사용을 강조하기 위한 것이라면, 이 말은 마키아벨리의 '힘'에 대한 통찰력의 절반 정도만을 묘사한 것에 불과하다. 이 말을 만든 학자도 인정하듯, 마키아벨리는 '폭력'이 정치의 본질이며, 정치적 개연성 속에서 '힘(potenza)'이 가장 적나라하게 노출된 경우로 이해했다.[31] 또한 '폭력'의 행사 없이 정치 행위자의 뜻이 관철되더라도, 상대의 판단과 행동에 변화를 유발하는 것은 잠재적이든 실제적이든 '힘'의 행사가 가져온 결과일 뿐이라고 생각했다. 다시 말하자면, 마키아벨리에게 '폭력'은 불가피한 상황에서만 허용되어야 할 최후의 수단이 아니었던 것이다. 그에게 '폭력'은 가장 근원적이며 시원적인 정치적 행위이자, 정치적 관계의 내용을 결정짓는 '힘'의 극단적 표현이었던 것이다.

문제는 마키아벨리가 '힘'을 주목한 이유다. 정치는 결국 '힘'에 좌우된다는 점을 새삼스럽게 보여 주려 했던 것은 아니다. 일차적으로 그는 1494년 샤를 8세의 이탈리아 침공으로 드러난 세계사적 변화에 맞설 새로운 형태의 국가가 필요하다고 판단했다. 사실 1494년 샤를 8세의 나폴리 원정이 가져온 메디치 가문의 추방은 오랫동안 피렌체의 정치 무대에서 사라졌던 공화주의의 부활을 가져왔다. 메디치 가문의 권력 독점, 군주정에 대한 지식인의 선호, 이 모든 것을 한꺼번에 뒤집어 엎은 것이다. 그러나 사보나롤라(Savonarola)의 후견을 등에 입은 공화파의 실정은 공화정을 선호하는 사람들의 신념조차 뒤흔들어 놓았다. 그리고 피렌체는 공화파조차도 분열과 대립을 반복하는 정쟁에 빠져든다. 이렇듯 모두가 국내 정치에 몰입해서 권력의 분배와 제도적 장치를 구상하고 있을 때, 마키아벨리는 제 아무리 '자치'와 '문명'을 자랑하는 나라도 군사력이 없으면 존속할 수 없는 냉혹한 국제 관계를 직시한다. 그리고 피렌체의 독립과 번영을 가져다 줄 '새로운 질서(nuovi ordini)'를 꿈꾸기 시작한다.

힘의 목적

이런 맥락에서, 마키아벨리는 로마공화정의 '힘'에 주목한다. 무엇보다 그는 '외교'나 '협상'에 의존하기보다 '힘'에 의존했던 로마공화정의 대외 관계를 여러 가지 각도에서 조명한다. 최초에는 '폭력'을 행사하지 않았지만 결국 자신들의 의지를 관철하기 위해 상대를 완전히 파멸시킬 수밖에 없었던 로마인의 경험을 과장하고,[32] 주변 나라를 지배하고 폭군처럼 다스리던 로마공화정의 제국주의적 태도를 '위대함(grandezza)'이라 칭송한다.[33] 개방 정책을 써서 많은 사람들이 로마로 몰려오게 함으로써 다양한 인력을 확보하고,[34] 주변 상황에 스스로를 맞추기보다 '힘'을 통해 자기에게 유리한 판세를 만들 수 있는,[35] 강력한 군사력에 바탕을 둔 로마공화정의 대외 관계가 당시 이탈리아의 절망적인 상황과 비교된다.[36] '전쟁'과 '팽창'을 통해 자신들의 힘을 과시했던 이탈리아의 과거, 그리고 '평화'와 '안정'조차도 확보할 수 없는 이탈리아의 현재가 오롯이 나열되는 것이다.

그리고 마키아벨리는 이탈리아에 세워질 미래의 '로마공화정'

은 '인민'에게 의존할 수밖에 없다는 점을 설득하려고 노력한다. 『군주』를 바친 군주에게는 귀족이 아니라 인민이 당신의 조력자가 되어야 한다고 역설하고, 『강의』의 내용을 함께 토론한 귀족의 자제들에게는 시민의 자유가 강력한 나라를 만드는 열쇠라고 충고한다.

지금은 투르크와 술탄을 제외한 모든 군주들이 군인들보다 인민들을 만족시켜야 할 필요가 있다. 왜냐하면 인민이 장병들보다 더 많은 것을 할 수 있기 때문이다.

─『군주』, 19장 (62)

만약 당신이 통치를 위해 소국으로 혹은 [인민을] 무장시키지 않고 내버려둔다면, 설사 당신이 [다른 나라를] 지배하게 되더라도 유지할 수 없을 것이고, 왜소해져 누구든지 당신을 공격하는 사람의 먹잇감이 될 것이다.

─『강의』, I권 6장 (22)

그는 거듭 인민을 무장시켜야 한다고 주장한다. 시민의 자유는 소란함과 불편함을 감수해서라도 반드시 제도적으로 보장해야 할 필수적인 조건이며, 인민을 무장시키는 것만이 냉혹한 국제정치의 현실을 이겨 나갈 수 있는 유일한 길이라고 역설한다.[37] 특히 당시 귀족들에게 인민의 변덕과 무지도 강한 나라를 만들기 위해서는 감수해야 한다고 말한다.[38] 그리고 군주는 자기의 권력을 지키기 위해 모든 사람들을 적대할 수 있지만, 인민은 오직 '자유'를 빼앗은 사람들에게만 잔인하다고 부연한다. 미래의 공화정은 원로원이 지배했던 로마공화정이 아니라, 인민의 '힘'에 바탕을 둔 새로운 형태가 되어야 한다는 점을 부각시킨 것이다.

전쟁과 정쟁

마키아벨리의 권력정치에 내재된 애국적 호소가 제 빛을 발휘하지 못한 가장 큰 이유는 인민의 '힘'에 대한 논의가 국내 정치에도 동일하게 적용되었기 때문일 것이다. 무엇보다 '전쟁'과 '정쟁'을 동일한 잣대에서 이야기함으로써, 당시 도덕과 품위를 강조하던 귀족들과 기독교 신앙을 통해 정치를 바라보았던 지식인들에게는 불쾌감과 불편함을 가져다주었을 것이다. '음모', '기만', '지연 작전', 그리고 '급(grado)'과 같은 군사적 용어들이 국내 정치를 묘사하는 부분에서 버젓이 등장하고, '신'마저도 '전투'에 이용하는 전쟁의 기술들이 군주와 미래의 정치 지도자들에게 거침없이 제시된다. 한편으로는 국내적 정쟁이 곧 국제적 전쟁으로 비화되는 시대적 상황을 반영했을 수도 있고, 다른 한편으로는 '힘'이라는 정치의 본질에 국내와 국제라는 경계가 있을 수 없다는 판단이 작용했을 수도 있다.

싸움에는 두 가지 종류가 있는데, 하나는 토론(disceptationem)을 통한 것이고, 다른 하나는 힘(vim)을 통한 것이다. 전자는 전적으로 인간에게 속한 것이고, 후자는 짐승에게 속하는 것이다. 만약 전자를 활용할 기회가 없다면 후자에 호소해야 한다.

— 키케로, 『의무론』, I권 II장 (34)

전투(combattere)에는 두 가지 종류가 있다는 것을 반드시 알아야 한다. 하나는 법(le leggi)으로, 다른 하나는 힘(la forza)으로 하는 것이다. 첫 번째는 인간에게 적합하고, 두 번째는 짐승에게 적절하다. 그러나 첫 번째가 종종 충분하지 않기 때문에, 두 번째에 호소해야 한다.

— 『군주』, 18장 (2)-(3)

위에서 보듯, 마키아벨리는 키케로가 국제정치에 대해 언급하던 내용을 국내 정치에 적용하고 있다. 정적이라고 할지라도 공동체 구성원에게는 전쟁에서나 볼 수 있는 폭력과 잔인함을 적용할 수 없다는 위선을 버린 것이다. 비록 '전투'라는 표현이 국제관계를 의미하는 것 같지만, 후술되는 내용에서 보듯 정쟁에 전쟁의 잣대를 적용한다. '폭군'이라는 대중의 자명한 합의가 없이도, 권력을 유지한다는 치졸한 목적을 위해서도, 잔혹한 살인이 용인된다. 권력에 대한 열망은 절제되기보다 무한정 확장되고, 생존을 위한 몸부림은 지극히 당연한 행위 방식으로 간주되며, 인간의 지배욕은 사적이든 공적이든 정치와 일상 속에 만연한다. 한마디로 국내 정치도 '전투'

다. 특히 『군주』에는 '말살하다(spegnere)', '제거하다(disfare)', '죽이다(uccidere)', '살해하다(ammazzare)'와 같은 단어가 넘친다.

여기에서 놓쳐서는 안 되는 부분이 있다. 바로 국내 정치를 '전투'로 바라본 이면에 존재하는 '시민적 자유'에 대한 열망이다. 마키아벨리는 매우 당파적이다. 그는 인민의 '힘'을 위축시키려는 주장을 결코 받아들일 수 없음을 분명히 한다. 당시 귀족들이 자주 언급하던 그라쿠스 형제의 실패가 가져온 혼란에 대한 지적도 그가 꿈꾸는 인민의 힘에 기초한 공화정의 밑그림을 망가뜨릴 수 없다. 귀족의 태만과 오만은 인민의 '힘'이 아니고서는 결코 견제될 수 없고, 귀족과 인민의 '공존'이 아니라 전자에 대한 후자의 우위를 확보한 공화정이 필요하다고 주장한다. 그리고 귀족들과 결탁한 군주에게는 인민의 지지를 받지 못하면 곧 죽음이라고 경고하고, 원로원의 품위를 동경하는 귀족에게는 인민의 자유가 곧 당신들의 생존과 직결된다고 충고한다. 비록 많은 사람들이 전투로 묘사된 충고로부터 '시민적 자유'를 충분히 읽지 못했지만, 마키아벨리의 권력정치는 국내 정치에서조차 인민의 '힘'에 초점을 두고 있었던 것이다.

역설이 필요한 시대

2014년 대한민국은 여러 가지 측면에서 1494년의 피렌체를 닮아 있다. 중국의 부상, 일본의 우경화, 러시아의 견제, 미국의 전략이 동북아시아의 불확실성을 더욱 가중시키고 있다. 그리고 예측할 수 없는 북한의 행동이 시민의 일상을 늘 위협한다. 마치 중국은 프랑스처럼 보이고, 북한은 참주 아래 생기를 잃은 밀라노 같다. 일본은 옛 영화를 찾기에는 너무나 정체되어 있는 베네치아 같고, 러시아는 이해관계는 있지만 여력이 없는 막시밀리안 I세의 신성로마제국처럼 보이며, 미국은 뜻을 관철하기 위해서라면 언제라도 힘을 발휘할 수 있는 페르난도 2세가 다스리던 스페인의 모습을 연출한다.

그래서인지 우리 사회는 어느 때보다 '힘'에 대한 열망이 커지고 있다. 중국의 부상과 일본의 우경화에 자극을 받아, 폐쇄적이고 공격적인 민족주의와 전체주의적이고 폭압적인 집단주의의 위험이 곳곳에서 감지된다. 그리고 1494년 메디치 가문이 추방된 이후 자기만이 나라를 구할 수 있다고 말하던 대중 정치인들의 무능력에 대한 마키아벨리의 조소를 일반 시민들의 얼굴에서도 쉽게 발견할 수 있다.[39] '힘'에 대한 열정은 있지만, '힘'이 필요한 이유와 '힘'을 갖출 방도를 알지 못했던 피렌체의 혼란을 되돌아보게 만드는 것이다.

권력정치와 관련해서, 우리에게 필요한 것은 마키아벨리의 충고가 아니라 마키아벨리의 역설이 아닐까 생각한다. 1494년의 시대사적 변화와 2014년 오늘 우리의 세계가 동일할 수는 없다. 그리고 마키아벨리의 시대에 통일된 이탈리아가 맞설 강대국들과 지금 우리가 동북아시아에서 마주하는 강대국들이 그 규모와 성격에서 유사하지도 않다. 민족국가의 경계와 다문화적 공존이 대립과 융합을 반복하고, 분단된 한반도의 숨죽이던 냉전의 소용돌이가 동북아시아에 불어닥친 민족주의와 결합해서 불안을 가중시킨다. 비록 '중(中)강국'이라는 말이 어느덧 익숙해졌지만, '힘'의 대결만을 내세운다면 우리에게는 생존조차 보장받지 못할 미래가 노정될 수도 있다.

마키아벨리는 이런 때에 '힘'의 성찰을 통해 주어진 모든 것을 다시 검토했다. 그리고 모두가 시민의 '자유'를 억제함으로써 '안정'을 구할 때, 불편하고 혼란스럽더라도 시민적 자유가 보장되고 인민이 무장되어야 한다고 주장했다. 어쩌면 우리에게도 이런 역발상이 필요할지 모른다. 물론 강대국의 틈바구니에서 스스로의 자유를 지킬 수 있는 '힘'은 반드시 갖추어야 한다. 그러나 '힘'의 역학만이 선택지로 주어졌을 때, '힘'의 목적이 비현실적이거나 존재하지 않을 때, 우리에게 어떤 미래가 닥칠지도 고민해야 한다. 냉정한 '힘'에 대한 성찰을 통해 패권적 망상을 부추기는 선동을 억제하고, '비(非)지배'와 같은 새로운 국제사회의 규범을 주도적으로 주창함으로써 안팎으로 대한민국의 시민적 자유를 보장하기 위해 노력하는 것은 어떨까 생각해 보는 것이다.

키케로(BC106-43)

　키케로는 "싸움에는 두 가지 종류가 있는데, 하나는 토론을 통한 것이고, 다른 하나는 힘을 통한 것이다. 전자는 전적으로 인간에게 속한 것이고, 후자는 짐승에게 속하는 것이다. 만약 전자를 활용할 기회가 없다면 후자에 호소해야 한다."라고 말했다. 『군주』에서 마키아벨리는 키케로가 국제정치에 대해 언급하던 내용을 국내정치에 적용한다. "전투에는 두 가지 종류가 있다는 것을 반드시 알아야 한다. 하나는 법으로, 다른 하나는 힘으로 하는 것이다. 첫 번째는 인간에게 적합하고, 두 번째는 짐승에게 적절하다. 그러나 첫 번째가 종종 충분하지 않기 때문에, 두 번째에 호소해야 한다." 정적이라고 할지라도 공동체 구성원에게는 전쟁에서나 볼 수 있는 폭력과 잔인함을 적용할 수 없다는 위선을 버린 것이다.

2장
결과주의

따라서 군주는 어떻게 야수의 방식을 사용해야 하는지를 잘 알아야 할 필요가 있기에, 그는 여우와 사자를 선택해야 한다.

—『군주』, 18장 (7)

군주는 실제로 위에서 언급한 모든 자질들을 갖출 필요는 없다. 그러나 정말 그것들을 가진 것처럼 보일 필요가 있다. 역으로 나는 감히 이렇게 말하겠다. 그것들을 갖추고 항상 지키면 그것들은 해로운 반면, 그것들을 가진 것처럼 보이면, 즉 자비로운 척, 신의를 지키는 척, 인간적인 척, 정직한 척, 그리고 종교적인 척 등등으로 보이면, 그것들은 매우 유용할 것이다.

—『군주』, 18장 (13)

인간들은 일반적으로 그들의 손보다 눈으로 판단한다. 왜냐하면

보는 것은 모두에게 허용되지만, 느끼는 것은 소수에게만 허용되기 때문이다.

—『군주』, 18장 (17)

더러운 손

마키아벨리의 시대는 참혹했다. 시민의 자부심이 강대국의 말발굽에 짓밟히고, 학문과 종교의 사치가 부패와 독재를 부추기며, 젊은이들은 미래에 대한 희망을 잃어버렸다. 로마 교회는 스스로의 존립을 위해 이탈리아를 분열시켰고, 국내 정치조차 종파적 분쟁으로 전락했으며, 소득 없는 용병들의 전쟁과 권력만 다투는 정쟁은 시민의 삶을 나락으로 떨어뜨렸다. 그러기에 시민적 자유에 대해 조금이라도 애착이 있는 사람이라면, 이탈리아가 당면한 절망적 상황을 타개할 새로운 변화를 열망하지 않을 수 없었다. 정치에 대한 식견이 있을수록, 공직에 직접 몸을 담았을수록, 권력의 실체와 인간의 흠결을 보다 냉정한 눈으로 응시할 수밖에 없었다. 이런 시각에서 본다면, '도덕'과 '정치'의 일치는 곧 현상을 유지함으로써 이득을 취하려는 파렴치한 인물의 말장난으로 보였을지도 모를 일이다.[40]

마키아벨리에게는 '더러운 손(dirty hands)'이라는 도덕적 딜레마조차 귀족들의 위선과 지식인들의 나태를 반영하는 정치적 수사일 뿐이었다. 실제로 '고귀한 목적을 달성하기 위해 비도덕적 수단이 필요할 때 올바른 정치가라면 어떤 선택을 해야 하는지'의 문제는 그의 관심사가 아니다. 동시에 그는 '어떻게 기만과 폭력을 사용하는 사람이 안으로는 도덕적 고결함을 유지할 수 있을까?'라는 고민도 하지 않는다. 오히려 그는 이런 식의 질문은 그 누구에게도 현상을 타개할 의지를 불러일으킬 수 없다고 믿는다. 따라서 그는 위대하고 화려한 업적이 반드시 고귀하고 거룩한 동기에서 시작되어야 할 이유가 없다고 가르친다. 아울러 개개인의 인성과 정치적 위업은 무관하며, 행동이 필요한 시점에 도덕적 고민에 빠져 있다면 '정치'를 할 자격조차 없다고 지적한다. 그는 고전이 가르치던 도덕적 요구뿐만 아니라 근대인의 도덕적 딜레마로부터도 자유로웠던 것이다.

그럼에도 불구하고, '목적이 수단을 정당화한다.'는 말로 마키아벨리의 결과주의를 단순화시킬 수는 없다. 엄밀하게 말하자면, 마키아벨리는 도덕과 정치를 분리하고자 노력조차 하지 않았다. 그에게는 좋은 의도를 갖고 나쁜 수단을 사용했다고 누군가가 선한 사람으로 간주되어야 할 이유도 없고, 정치가에게 특정 행위를 함에 있어 동기와 목적이 개인적인 영달인지 공동체의 안녕인지를 캐물어 볼 필요도 없다. 단지 그는 당시 이탈리아 사람들을 매혹시키던 도덕적 가치들을 이탈리아의 해방을 가져올 다른 것들로 대체하고자 했고, 정치적 행위는 그것 자체의 성공을 통해 성취할 '영광'이 있다는 것, 그리고 그러한 '영광'을 위해 전심과 전력을 다하는 것이 참으로 보람되다는 것을 보여 주고 싶어 했을 뿐이다.

정치와 결과

따라서 마키아벨리로부터 도덕과 정치의 구분을 찾거나 '더러운 손'의 도덕적 딜레마를 찾는 노력은 허사가 될 가능성이 크다. 아울러 마키아벨리로부터 과학적 일관성이나 행동경제학적 원칙을 찾는 것도 낭패를 볼 수 있다. 정치에 불확정성이 없다면 정치권력을 위한 처절한 싸움도 불필요할 것이고, 일관된 행동의 패턴이 정해져 있다면 학자적 명료함만으로 이탈리아를 해방시킬 수 있을 것이기 때문이다.

> 이 [귀족]들은 그 국가의 [군주]가 옹호하는 다수의 의견에 감히 반대하지 않는다. 그리고 모든 인간의 행동에서, 그리고 특별히 호소할 법정이 없는 군주의 [행동]에 있어, 사람은 그 결과를 본다(si guarda al fine).
>
> ──『군주』, 18장 (17)

위에서 보듯, 마키아벨리는 정치적 행위의 결과는 예측할 수 없다고 말한다. 확정된 미래도 보장된 성공도 없기에, 전심전력을 다해 '정치'에 몰두하라고 가르친다. 나쁜 수단도 '잘 사용'하기 위해 노력하라고 다그친다. 그런 연후에 '국정을 운영함에 있어 무엇보다 중요한 것은 결과'라고 말하고, 정치의 잘하고 못한 바는 바로 '다수의 안전'이라는 결과(fine)에 달렸다고 가르친다. 군주에게는 '다수의 만족'이 자기의 국가를 유지하는 길이고, 공화정의 지도자들에게는 공동체 구성원 모두의 안전이 당신들의 책무라고 충고하는 것이다.

바로 이 지점에서 막스 베버(Max Weber)는 마키아벨리와 다른 입장에 서 있다. 베버는 '더러운 손'을 사용할 수밖에 없는 정치가를 은연중에 불행한 사람으로 여긴다.[41] 좋은 목적을 위해 나쁜 수단을 사용하는 것 자체가 궁극적으로는 자신의 영혼을 파는 행위라고 본 것이다. 그러나 마키아벨리는 이러한 지침조차 정치가에게 부과하기를 꺼린다. 그로부터는 베버가 말하는 정치가의 세 가지 자질 중에서 오직 '열정(Leidenschaft)'만이 돌출한다. 책임이든 판단이든, 결국 '가지려고 하는(acquistare)' 욕구를 충족시키기 위한 몸부림에 불과한 것이다. 그래서 그는 열정을 제어하는 방도를 '도덕'이나 '책임'에서 찾지 않는다. 동일한 형태의 '힘'과 '처절함'을 수반하는 또 다른 열정, 즉 다른 사람의 욕구로 정치적 욕망을 제어하고자 한다.

그래서 마키아벨리는 인민의 '타인의 자의적인 지배를 받지 않으려는 욕구'에 주목한다. 군주나 정치 지도자들의 지배욕을 시민들의 '비(非)지배 자유'에 대한 열망으로 제어하려고 한 것이다.[42] 그에게 귀족들은 궁극적으로 군주와 동일한 지향을 가진 사람들이다. 이 사람들은 어떤 경우에도 '지배하고자 하는 욕망'을 충족시키려고 노력한다. 그러나 시민들의 열망은 상실되었을 때에만 일어나는, 본질적으로 소극적인 성격을 갖는다. 따라서 늘 일깨워 주어야 하고, 언제든지 원할 때 사용할 수 있는 정치적 제도를 마련해 주어야 한다.[43] 아울러 이런 제도가 없으면, 안으로는 부패가 만연하고 밖으로는 외세의 등살에 존립할 수가 없다. 여기에 마키아벨리의 '결과주의'가 갖는 제한적이지만 가치 지향적인 방향성이 있다.

'보이는 것'과 '느끼는 것'

이런 맥락에서, 마키아벨리는 '보이는 것'과 '느끼는 것'의 차이를 이야기한다. '보이는 것'은 그에겐 설득된 신념, 즉 그렇게 '여겨지는 것(tenuto)'이다.

> 나는 후하다고 여겨지는 것은 좋으리라 말하겠다.(dico come e' sarebbe bene essere tenuto liberale.) 그럼에도 불구하고, 당신이 후하다고 여겨지도록 사용하면, 그 후함은 당신을 다치게 할 것이다. 왜냐하면 만약 고귀하게 행사된다면, 그리고 사용되어야 할 [방식대로] 쓰인다면, 인정받지 못할 것이고, 당신은 그와 정반대의 불명예를 피하지 못할 것이기 때문이다.
>
> ──『군주』, 16장 (1)-(2)

위에서 보듯, 그는 좋다고 '여겨지는 것'을 실제 삶으로부터 유리될 수 있는 상상에 불과하다고 생각한다. 좀 더 쉽게 설명하면 이런 내용이다. 즉 '후함(liberalità)'이 인색함보다 좋다는 것을 부인할 사람은 없겠지만, 후하다는 평판을 유지하기 위해 스스로의 궁핍을 초래할 사람도 드물다는 것이다. 따라서 군주는 자기의 국가를 유지하기 위해, 공화정의 정치 지도자들은 공동체의 안녕을 위해, '보이는 것'에 집착해서는 안 된다는 것이다.

마키아벨리에게는 당시 피렌체 시민들이 집착하는 '보이는 것', 그래서 피렌체의 시민적 자유를 송두리째 상실하도록 만든 것들이 있다. 바로 당시 지식인들을 사로잡았던 아리스토텔레스의 도덕과 당시 시민들의 생각을 지배했던 로마 교회의 가르침이다. 『군주』는 전자를 집요하게 물고 늘어지고, 『강의』는 후자를 노골적으로 공격한다. 아리스토텔레스의 도덕적 가치들은 마키아벨리에 의해 '보이는 것' 또는 '여겨지는 것' 정도로 추락한다. 아리스토텔레스에게는 '인색함'은 비난을 감수하면까지 '탐욕스러움'을 만족시키려는 사람들의 특성이라면,[44] 마키아벨리에게 '인색함'은 '후하다는' 평판을 유지하려다 오히려 '탐욕스럽다'는 비난을 받게 되는 세간의 평가일 뿐이다.[45] 마찬가지로 로마 교회의 가르침은 시민들의 자유에 대한 열정을 일깨워 주기보다 노예적 삶을 받아들이도록 강요하는 '잘못된 교육(falsa educazione)'일 뿐이다.[46]

그렇기에 마키아벨리는 정치가에게 '느끼는 것'을 연구하라고 권한다. 특히 변화를 꿈꾸는 미래의 군주에게 정치는 '느끼는 것'을 아는 사람들의 몫이라고 말한다. 그리고 '눈(occhi)'으로 보지 말고 '손(mani)'으로 만져 보라고 권한다.

> 모두가 당신이 어떻게 나타나는지를 보는 반면, 소수만이 당신이 누군지를 느낀다.
>
> ─『군주』, 18장 (17)

위에서 말하는 '소수'는 바로 '지배하려는 열망'을 가진 인물들이다. 이들의 선택은 늘 '느끼는 것'에 기초한다. 다수의 평판보다 자기가 가지려고 하는 바를 가질 수 있는 실제적인 조건에 늘 주목하는 것이다.

> 일반적인 것들에 대해서는 기만당할지라도, 인간들은 개별적인 것들에 대해서는 기만당하지 않는다.
>
> ─『강의』, I권 47장 (T)

아울러 인민들도 실제 삶으로부터 유리되어 있는 '좋은 것'에 대해서는 기만당할 수 있지만, 자기들이 직면하고 있는 구체적인 삶의 조건에 대해서만큼은 누구보다 정확하게 파악한다. 비록 집단의 움직임에 쏠렸더라도 자기 집으로 돌아가서는 곰곰이 자기의 필요를 돌아본다. 한마디로 말하자면, '느끼는 것'은 '보이는 것'과는 다른 행동방식을 창출하는 것이다.

올바른 상상

특히 마키아벨리는 시민의 자유를 보장해 주는 체제의 지도자들에게 '느끼는 것'에 집중해야 한다고 주문한다. 좋거나 후하다고 '여겨지는 것'은 무척 다행스럽지만, '느끼는 것'을 놓쳐서는 안 된다고 충고하는 것이다. 거듭 대중이 좋아하는 모습을 갖추고 대중이 좋아하는 모습으로 스스로를 가꾸는 것은 중요하지만, '느끼는 것'의 성찰로부터 얻은 바를 대중에게 설득하고 관철시키려고 노력해야 한다고 말한다. 소크라테스 이래 정치철학자들이 전했던 '좋은 것'이나, 로마 교회를 통해 전수된 '영원한 것'에 집착해서는 안 된다는 경고도 덧붙인다. 이러한 것보다 '공동체의 존속'이라는 실제적인 것을 고민하고, 시민의 자유를 통해 얻게 될 '영광'을 상상해야 한다는 주문이다. 아울러 인민들은 이러한 '느끼는 것'에는 결코 기만당하지 않는다고 첨언한다. '눈'으로 보는 인민의 습관도, 구체적인 삶의 부분에서는 자신들의 느낌으로 응답할 것이라고 말한다. 그러니 인민과 반대되는 의견이라도 진심을 다해 설득하라고 가르친다.

마키아벨리는 수없이 많은 정치적 모순을 한꺼번에 해결할 수 있는 유토피아적 상상에 기대를 걸지 않았다. 그리고 그는 인간의 흠결을 모두 치유할 신의 은총이 정치적 삶을 규정짓는다고 생각지도 않았다. 그래서 마키아벨리는 '군주의 교본(specula principum)'의 전통적 가르침을 따르지 않는다. 그 대신 군주의 지배욕을 자극하고, 인민의 '힘'을 보여 줌으로써 군주가 지배하기 위해서 지향해야 할 바를 '다수의 안전'으로 향하게 한다. 동시에 그는 공화주의의 전통적인 화두였던 '조화'를 버린다. 그에게 공존과 조화는 당시 피렌체 시민들의 절망적 삶을 지속시킬 귀족적 사탕발림에 불과하다. 그 대신 '갈등'과 '힘겨루기'를 공화주의의 새로운 전망으로 제시한다. 특히 인민들에게 '지배받지 않으려는 욕망'을 일깨워 줄 제도적 장치를 제시하고, 지도자들에게는 이들의 욕망을 어떻게 충족시켜 줄 수 있는지를 가르친다.

> 왜냐하면 풍경을 그리는 사람들이 산과 높은 곳의 특징(natura)을 고려하기 위해서는 낮은 곳으로 내려가고, 낮은 곳의 특징을 고려하기 위해서는 산꼭대기로 가듯, 인민들의 본질(natura)을 잘 알기 위해서는 군주가 되어야 하고, 군주의 본질을 잘 알기 위해서는 인민이 되어야 하기 때문입니다.
>
> ──『군주』, 헌정사 (5)

지금 우리는 마키아벨리의 "결과를 본다."는 말을 통해 시민적 자유를 확보하고 유지하는 방도를 배워야 한다. 정치 지도자들은 시민들의 '지배받지 않으려는 욕구'를 충족시킬 수 있는 최적의 제도를 고민하고 구상해야 하고, 시민들은 자기들의 목표가 지배하려는 것이 아니라 지배받지 않으려는 쪽으로 경도되도록 스스로 조심해야 한다. 이 두 가지를 모두 아는 사람이 마키아벨리가 기다리던 군주이고, 바로 여기에 그의 '올바른 상상(vera immaginazione)'이 있다.

3장
공화주의

인간의 본성은 그들이 받은 혜택만큼이나 그들이 준 혜택에 얽매이게 된다.

—『군주』, 10장 (13)

모든 고대의 좋은 것들은 자유로운 삶(vivere libero)으로부터 나왔고, 지금의 무질서는 노예적 삶(vivere servo)에서 비롯되었다. 앞에서 언급한 바와 같이, 모든 부문에서 자유로운 땅과 지방은 크게 번성했다. 왜냐하면 더 많은 사람들이 살기 때문이다. 여기서는 결혼이 더욱 자유롭고, 남성들에게 결혼하는 것이 더욱 바람직한 것이며, 이들은 각자가 키울 수 있다고 믿는 자녀들을 기꺼이 낳아서 기른다. 그는 자신의 유산이 빼앗길까 두려워하지 않는다. 그는 그의 자녀들이 노예가 아니라 자유인으로 태어났다는 것을 알 뿐만 아니라, 그의 자녀들이 그들의 능력을 통해 우두머리(principi)가 될 수 있다는 것을 알고 있다.

농업과 제조업 모두로 인해 도시의 부는 크게 증가한다. 왜냐하면 각자는 그와 같은 것을 기꺼이 증대시키고, 한 번 획득하면 자신의 것으로 향유할 수 있다고 믿고 재화를 취하고자 노력하기 때문이다. 이로부터 경쟁 관계에 있는 사람들이 개인적이고 공적인 이익들을 생각하게 되고, 사익과 공익 모두가 놀랍게 성장한다.

— 『강의』, 2권 2장 (43)-(47)

로마를 넘어서

마키아벨리는 당시 지식인들이 읊조리던 키케로의 공화주의에 반발한다. 특히 키케로가 '공화'의 제도적 실현으로 제시했던 '혼합 정체'가 과연 기능할 수 있는지에 대해 의구심을 갖는다. 주지하다시피 키케로는 군주정적 요소, 귀족정적 요소, 민주정적 요소가 잘 혼합된, 이른바 계층 간의 공존에 기초한 혼합정체를 꿈꾸었다. 그리고 이러한 혼합정체를 유지할 수 있는 '조정자(gubernator)'로서의 정치가의 역할을 중시했다. 그러기에 키케로의 이상적인 정치가는 플라톤의 철인 통치자는 아니라도 정의와 법에 정통하고, 근본적인 질문에 대답할 수 있어야 하며, 정확한 진단과 적절한 해결을 할 수 있는 능력을 갖추고 있어야 했다.[47] 따라서 정치는 귀족의 전유물이어야 했다.

마키아벨리에게 이런 키케로는 역사의 수레바퀴를 거꾸로 돌린 사람이었다. 『강의』 I권 37장에서 보듯, 마키아벨리의 눈에는 그라쿠스 형제의 개혁이 실패한 바로 그때, 이미 로마공화정은 더 이상 원로원 중심의 공화정체로는 유지될 수 없는 상태에 처해 있었다. 지방과 중앙의 후견적 연계도 원활하게 기능하지 못했고, 귀족들 사이의 격한 대립은 인민들의 거센 요구를 견제할 목소리를 만들어 내지 못했다. 또한 오랜 전쟁 부역으로 토지를 잃은 농민들, 대농장의 과수 재배로 만성적인 곡물 부족에 허덕이는 시민들, 그리고 로마를 가득 채운 빈민들은 정치적 선동으로부터 시민적 자유를 지켜낼 수 없었다. 즉 제국이 되어 버린 로마공화정에서 키케로의 공화주의는 귀족의 오만과 인민의 불만 사이에서 제대로 기능하지 못했다고 판단한 것이다. 인민의 정치 참여는 불가피한 시대적 요구였고, 귀족적 심의를 민주적 심의로 대체할 정치적 혜안이 필요했던 시기였다는 것이다.

동일한 맥락에서, 마키아벨리는 리비우스(Livius)에 대해서도 불만을 드러낸다. 리비우스는 로마공화정을 창건한 브루투스(Brutus)가 자기 아들들을 희생하면서까지 구축하려 한 것도,[48] 로마공화정을 안팎의 위기에서 구해 낸 카밀루스(Camillus)가 구현하려고 한 것도,[49] 모두 '조화'와 관련시킨다. 반면 '불화(discordia)'는 '사치'와 '탐욕'과 연관되고, 결국 '모반'과 '추악한 파당'으로 귀결된다고 본다. 즉 "조화는 영광을 가져오고 불화는 파멸을 가져온다."는 원로원 중심의 공화주의가 기초했던 전통적인 가치를 옹호한 것이다. 반면 마키아벨리는 '갈등'이 불가피할 뿐만 아니라 정치사회적으로 긍정적인 기능이 있다는 점을 거듭 강조한다. 안으로는 시민의 자유를 보장하고, 밖으로는 정치 공동체의 독립을 지키는 데 큰 기여를 한다는 것이다. 당시 지식인들에게 소란스러웠다고 도외시되던 로마공화정을 모델로 삼은 것도, 그라쿠스 형제의 의도는 좋았다고 칭찬한 것도, 모두 동일한 이유에서였다.

종종 살루스티우스가 마키아벨리의 갈등과 관련된 논의의 기초를 제공했다는 주장을 보게 된다.[50] 그러나 마키아벨리와 살루스티우스의 공통점은 '갈등'이 아니라 오히려 '공포(metus)'의 정치사회적 기능이다. 살루스티우스처럼 마키아벨리도 로마공화정의 몰락은 카르타고와의 전쟁에서 승리함으로써 외적에 대한 공포가 사라졌을 때부터라고 본다.[51] 그러나 마키아벨리는 '외적에 대한 공포(metus hostilis)'가 만들어 낸 조화가 로마공화정을 위대하게 만들었다고 믿지 않는다.[52] 또한 마키아벨리는 당파적 갈등을 부패와 연관시키고, '조화'를 '불화'보다 앞세우며, 건강했던 로마인들의 '영광에 대한 목마름(cupido gloriae)'을 몰락기의 '권력과 돈에 대한 굶주림'과 비교할 이유를 발견하지 못한다.[53]

아울러 르네상스 시기의 인문주의자들이 열광하던 퀸틸리아누스와도 다소 거리를 둔다. 15세기에 『연설가 교육(Institutionis Oratoriae)』의 전문이 복원되면서 지식인 사회에서 퀸틸리아누스의 영향력은 지대했다. 물론 인문주의자들이 그로부터 찾으려고 했던 것은 전통적인 수사학의 내용과 양식만은 아니었다. 수사의 공적 역할이 참주들에게 잠식당한 시절, 다음 세대의 교육을 통해 로마공화정의 황금기를 되살릴 수 있다는 희망을 공유했던 것이다. 그러나 마키아벨리는 말재주뿐만 아니라 훌륭한 마음씨도 요구하는 퀸틸리아누스의 '이상적인 연설가(orato perfectus)'를 수용할 수 없었다.[54] 동시에 웅변만을 강조하는 충고도 달갑지 않았다. 설득을 통해 가능한 최선을 만들어 가는 태도만큼이나 실질적인 '힘'의 보유가 중요하고, 연설이 성립되는 상황을 주도하는 웅변의 능력만큼이나 적절한 때에 '힘'을 행사할 수 있는 의지가 필요하다고 믿었던 것이다.

자치도시의 환상

마키아벨리가 극복하고자 했던 또 다른 공화주의는 당시 지식인들을 사로잡았던 '자치도시'에 대한 환상과 관련이 있다. 그도 당시 거론되던 '자치도시'와 관련된 논의에 일정 정도 호감을 갖고 있었다는 점은 부인할 수 없다.

그들은 가난한 사람들처럼 살았다. 그들은 건물을 세우지도, 옷을 차려입지도, 집을 장식하지도 않았다. 단지 그들은 풍부한 빵과 고기, 그리고 추위를 피할 난로로 충분했다.

　　　　　　　　　　　　　　　　　　　　　　—『소묘』, 562

사적으로는 검소했지만, 공적으로는 매우 부유하고 강력한 나라를 구축했던 독일인들에 대한 칭찬은 단순히 인류학적 관심사에서 그치지 않는다.

> 잘 정돈된 공화정은 그들의 공공은 부유하게 그리고 그들의 시민들은 가난하게 유지해야 한다.
>
> ─『강의』, I권 37장 (8)

> 이런 방식의 무장은 독일 인민들, 특히 스위스인들이 알아낸 것이다. 그들은 가난했고 자유롭게 살기를 원했기에, 그들은 필연적으로 신성로마제국 군주들의 야망에 대항해 싸워야 했고 싸웠다.
>
> ─『전술』, 2권 2장 (29)

위에서 보다시피, 독일의 도시들은 그가 꿈꾸던 미래의 공화정이 기초해야 할 헌신적인 시민의식을 배양하고 유지할 수 있는 제도적 구상에 녹아들어 있다. 독일인들의 '단순함 삶'과 '자유'가 독일 도시들을 강력하게 만든 것에 그도 큰 감동을 받았던 것이다.

그러나 마키아벨리는 '자치도시'의 환상을 마냥 즐기지 않았다. 오히려 그는 『군주』와 『강의』에서 모두 '작은 도시국가'에 대한 부정적이고 비관적인 전망을 피력하고 있다.[55] 주지하다시피, 그는 『군주』뿐만 아니라 『강의』에서도 개방적이고 자유로운 로마공화정을 높이 평가한다. 반면 폐쇄적이고 고립적인 스파르타와 베네치아에 대해 매우 부정적인 견해를 갖고 있다.[56] 이런 그가 보기에 독일 도시들은 스파르타와 유사했던 것이다. 아울러 그는 독일인들의 분열을 탐탁찮게 보았다. 사실 독일인들은 신성로마제국 황제에게 대항할 때에만 뭉치고 평소에는 분열되어 있었다. 따라서 작은 자치 도시로 분열된 상태에서는 거대한 외적에 맞설 수 없다는 생각을 가졌던 마키아벨리에게 독일은 바람직한 모델이 아니었던 것이다. 한마디로 말하자면, 그의 독일에 대한 칭찬이 단지 소묘에 그친 것은 아니지만, 그렇다고 독일의 도시들이 그의 이상적 정치체제였던 것은 아니라는 말이다.

제국과 공화정

마키아벨리가 꿈꾼 공화정은 일차적으로는 제국으로의 팽창이 가능했던 로마공화정이다. 그러나 그에게 로마공화정은 그라쿠스 형제의 개혁 이후 시대사적 변화를 받아들이지 못해 결국 붕괴된 불완전한 정치체제에 불과했다. 로마공화정은 인민의 정치 참여를 보장해서 보다 강력한 제국으로 성장할 수 있는 시점을 놓쳐 버렸고, 그 책임은 원로원 지배체제를 유지하려고 몸부림쳤던 귀족들의 오만과 무지의 결과라고 여겼다. 동시에 그는 로마제국을 통해 향유할 수 있었던 내부적 안정과 외부적 평화에 대해서도 불만이 있었다. 설사 황제 아래에서 안정과 평화를 향유할 수 있다고 하더라도, 시민적 자유를 한 사람의 통치 아래 도사리고 있는 폭정의 위험 속에 빠뜨리는 것을 원치 않았던 것이다. 공화정을 세울 때에는 '한 명'의 강력한 지도자가 필요하더라도, 시민적 자유는 '인민'을 통해서만 가능하다고 믿었기 때문이었다.[57]

그러기에 마키아벨리는 한편으로는 시민적 자유와 영토의 팽창 간의 연관성을 설명해야 했고,[58] 다른 한편으로는 참주 살해의 정당성과 시민적 자유의 불가피성을 찾아냈어야 했다.[59] 이런 과정에서 그가 제시한 고전적 근거는 대부분 타키투스에 의존한다. 당시 타키투스의 저술들은 공화주의자들에게는 참주의 권력 아래 훼손된 시민적 자유에 대한 열망을 대변했고, 군주정을 옹호하는 사람들에게는 외세의 침략을 막고 내부적 분열을 극복하기 위해 군주정이 더 낫다는 입장을 강화하는 데 사용되었다.[60]

마침내 정신이 되살아나고 있다. 처음부터, 이 행복한 시대의 최초부터, 네르바 황제는 오랫동안 양립할 수 없었던 제정(principatum)과 자유(libertatem)를 한데 묶었다. 트라야누스는 매일 시절의 행복을 더하고 있다. 공중의 안전에 대한 기대와 희망을 갖게 되었을 뿐만 아니라, 이러한 기대와 희망이 실현되고 지속되리라는 것을 알게 되었다.

— 타키투스, 『아그리콜라』, 3

마키아벨리에게는 타키투스가 '제국'과 '자유'의 조합이 가능하다는 점을 부각시킨 것은 좋았지만, 인민의 정치 참여에 기초한 시민적 자유에 대한 언급이 없는 점은 아쉬운 부분이었다. 사실 타키투스는 자유를 이야기할 때 정치체제의 형태와 원칙에 대해서는 큰 관심을 보이지 않는다.[61] 게다가 그의 제도적 구상은 황제 체제가 원로원의 자유로운 심의와 신중한 견제를 받으면 좋겠다는 정도에 그친다. 따라서 인민의 적극적인 정치 참여를 꿈꾸던 마키아벨리에게, 타키투스는 또 다른 극복의 대상일 수밖에 없었다.

16세기에 들어서자 피렌체의 지식인들은 더 이상 '제국의 건설'을 언급하지 않는다.[62] 아마도 누구에게나 피렌체가 처한 상황에서 제국을 이야기하는 것이 비현실적으로 보였을 것이다. 또한 메디치 가문의 복귀 이후, 인민의 정치 참여를 통한 제국의 건설은 정치적으로도 실익이 없는 이야기였을 것이다. 실제로 인민의 정치참여를 배제한 '작은 정부(governo stretto)'가 지배적 의견이었고, '시민적 자유'나 '정치적 참여'는 고전 속에 담겨진 보물처럼 실현하기 힘든 이상처럼 간주했던 시절이었다. 귀족들은 베네치아와 독일 소도시를 모델로 삼은 '작은 정부'를 관철시키려고 노력했고, 지식인들도 사보나롤라의 민중적 정부가 가져온 정치적 실패를 비난하는 데 열중했던 것이다. 자연스럽게 '시민적 자유'와 '제국의 건설'을 연관시키는 입장은 논의의 가장자리로 밀려났다.[63]

공화적 리더십

귀치아르디니도 마키아벨리가 『강의』에서 설계한 공화정이 비현실적이라고 생각했다. 무엇보다 그는 마키아벨리의 '인민' 또는 '다수'에 대한 신뢰가 지나치다고 판단했다.

> 그러나 어떤 도시의 통치(uno governo)를 귀족이든 인민이든 맡겨야 할 필요가 있다면, 나는 귀족을 선택하는 것이 낫다고 믿습니다. 그들이 더 신중하고 좋은 자질을 갖고 있어, 적절하게 통치할 것이라는 희망을 그들에게 더 갖게 되기 때문입니다. 반면 인민은 무지하고 혼란스러우며, 많은 나쁜 자질들을 가졌기에, 모든 것을 나쁘게 만들거나 파괴할 뿐입니다. 나는 이 차이를 더 이상 논의하지 않겠습니다. 당신이 공화정을 팽창 지향적으로 만들든지 유지하는 쪽으로 만들든지 말입니다. [사실] 인민의 정부는 팽창과도 유지와도 무관합니다.(el governo dell plebe non è né per acquistare né per conservare.) 그리고 로마의 정체는 혼합이지 인민적이지 않았습니다.
>
> ── 귀치아르디니, 『숙고』, 5장 618

그러나 귀치아르디니가 우려할 만큼 마키아벨리가 '인민' 또는 '다수'의 판단을 무조건 옹호했다고 보기는 어렵다. '다수' 또는 '인민'이 비(非)지배를 관철시키기 위해 분노하거나 저항하는 것에 대해서는 전폭적인 지지를 보내지만, '다수'와 '인민'이 종종 지배 또는 예속을 지향할 수 있기에 정치 지도자의 역할도 매우 중요하다고 거듭 강조했기 때문이다.[64] 다만 정치 지도자의 조정자로서의 역할이 계층 간의 공존이 아니라 '다수'와 '인민'의 자유와 안전에 더 많은 비중을 두었기에, 마키아벨리의 공화주의는 원로원의 귀족적 심의에 토대를 둔 고전적 공화주의와는 차이가 있었다.[65] 유력 가문의 자제로 자라나 메디치 가문의 복귀 이후에도 요직을 두루 거쳤던 귀치아르디니, 아마도 그에게는 '다수'와 '인민'의 정치 참여에 큰 비중을 둔 마키아벨리의 공화주의에 대한 심정적인 거부감이 더 컸을지도 모른다.

최근 마키아벨리의 공화주의가 갖는 특성을 '민주적' 또는 '민중적'이라는 범주에서 분석하는 학자들이 증가하고 있다. 몇몇 학자들은 마키아벨리의 공화주의를 아테네 민주정이 표방한 정치적 원칙과 결합시키려는 시도도 하고 있다.[66] 사실 마키아벨리의 정치사상에서 '인민' 또는 '다수'의 정치가 갖는 비중에 대해서는 많은 연구자들이 공감하고 있다.[67] 그러나 아테네 민주정과 로마공화정이 지도자의 선출 방식과 그러한 선출 방식이 기초했던 정치적 이상이 달랐듯이 그의 정치사상을 인민주권에 기초한 '민주주의'라는 틀로 설명하는 것은 무리가 있다. 다만 민주주의와 공화주의가 지향하는 바가 마키아벨리가 제시하는 '타인의 자의적 지배로부터의 자유', 즉 '비지배 자유'를 통해 가장 이상적으로 결합할 수 있다는 점을 부인하기는 힘들다. 만약 민주주의와 공화주의를 각각 고유한 전통을 갖고 있으면서도 시대와 상황에 따라 긴장 또는 결합하면서 발전된 정치적 원칙으로 이해한다면, 마키아벨리로부터 민주주의의 제도적 운영과 관련된 지혜를 얻을 수 있을 것이다.[68]

　　마키아벨리는 '다수'가 갖는 소극적 속성, 즉 '지배받지 않으려는 열망'으로부터 '공공선'의 근거를 찾아내고, 이러한 '다수'의 열망을 충족할 수 있는 제도의 확립이 곧 강력한 나라를 만들어 낸다. 비단 '자유로운 삶'을 이야기하는 『강의』에 국한되는 주장이 아니다. 지배당하지 않기를 원하는 다수의 열망은 마키아벨리의 정치적 상상력의 근원이다. 그래서 『군주』 9장에서 "군주는 인민의 편에 서야만 스스로의 지위뿐만 아니라 자기의 안전도 도모할 수 있다."는 마키아벨리의 충고도 지배욕에 휩싸인 정치가들의 권력 본능을 자극하는 충고들과 상충되지 않는다. 『군주』 18장에서 보듯, '결과를 보는' 다수의 판단이 '비(非)지배'일 때, 군주의 정치적 야망의 실현이 곧 '다수'의 지배받지 않고자 하는 열망의 충족으로 귀결될 것이라는 기대가 생기기 때문이다. 바로 이것이 아가토클레스(Agathocles)와 별반 다를 바 없는 히에론(Hieron)이 완전히 다른 사람처럼 묘사되는 이유이며,[69] 바로 이것이 모두가 흠모하던 카이사르가 마키아벨리에게 '참주'에 불과한 인물로 취급당하는 이유다.[70]

민족주의 없는 애국심

그 누구도 마키아벨리의 공화주의에 내재된 '조국에 대한 사랑 (amore della patria)'을 수사적 기교로 폄하할 수 없다. 비록 소크라테 스의 성찰적 애정(eros)이 갖는 도덕적 의무감도, 키케로의 신과 자 연의 법에서 비롯된 경건(pietas)도, 기독교에서 말하는 이웃에 대한 사랑(agape)도 찾아볼 수 없지만, 그의 애국심은 자기의 영혼마저도 아낌없이 내어놓을 의지를 바탕으로 한 것이었다.[71] 그러기에 그의 애국적 호소는 근대 이후 많은 애국지사들에게 큰 영감을 불러일으 켰고, 조국의 독립과 회복을 위해 헌신했던 많은 사람들에게 위안 을 주었다.

그러나 마키아벨리의 공화주의에서 '제국'과 '자유'의 결합이 갖는 현재적 의미는 좀 더 깊은 성찰을 요구한다. 특히 마키아벨리 의 애국심이 '민주주의'와 '인권'과 같은 지구화 시대의 보편적 규 범에 부합될 수 있는가, 그리고 그의 애국심이 폐쇄적이고 공격적 인 민족주의의 실패를 답습하지 않으면서도 인류 공영을 위한 사상 적 근거를 제공할 수 있는가를 꼼꼼히 따져 보아야 한다. 아울러 그 의 공화정이 기초하는 애국심이 인류애로 확대될 수 있는 여지가 있는지 차분하게 숙의해 보아야 한다.

조국에 대해 가르치지 않은 채 인간성이라는 이름으로 인민들을 일깨우려는 사람들이 있다. 다른 한편 인간성(umanità)의 법에 대한 아무런 언급이 없이 민족성을 이야기해 온 사람들이 있다. 첫 번째 경우, 그 운동은 지지를 받을 시점과 수단 모두를 결여했다. 반면 두 번째 경우, 그 운동은 궁극적인 목적을 결여했다.

— 주세페 마치니, 2009[1836], 53

위의 맥락에서, 마치니와 마키아벨리가 비슷한 종류의 애국심을 가졌다고 주장하는 학자들이 있다.[72] 이때 마키아벨리의 애국심은 '비(非)지배'라는 가치를 공동체 구성원뿐만 아니라 인류 전체로 확대하려는 순화된 집단주의로 간주된다. 소위 '민족주의 없는 애국심'이라는 테제에서 마키아벨리의 공화주의를 조명하는 것이다.

특정 조국의 시민이기 전에 우리는 인간이고, 이것은 곧 민족적 경계들이 결코 도덕적 무관심의 핑계거리가 될 수 없다는 것을 의미한다. 고통 받는 사람들의 목소리들은 어디에서 들려오든지 반드시 들리게 된다. 문화적 차이가 얼마나 큰가에 상관없이 자유에 대한 사랑은 [그들이 겪는 고통의] 전이(translation)를 가능하게 한다.

— 마우리치오 비롤리, 2002, 85

위와 같은 형태의 순화된 애국심을 마키아벨리로부터 찾으려는 것은 사실상 무리가 있다. 마키아벨리의 공화주의는 '온정(caritas)'이 아니라 '비(非)지배'에 대한 열망(passione)에 기초한다. 따라서 동료에 대한 애정이 개별 공동체를 넘어서서 보편 인류에 대한 애정으로 전환될 수 있는가의 문제는 그가 초점을 맞추던 사안이 아니다. 공존보다 팽창을 꿈꾸던 공화주의자에게 이러한 주제는 부차적이다.

마키아벨리의 저작들을 우리가 지향하는 가치를 통해 윤색하기보다 그의 공화주의가 갖는 공격적인 성격을 다스릴 원칙을 찾는 것이 바람직하지 않을까 생각한다. 고전적 공화주의에서 시민적 자유가 곧 동료 시민에 대한 온정을 보편 인류에게까지 확대해야 하는 도덕적 의무감과 동일시되었다면, 그 근거가 고전적 공화주의의 귀족적 성격에 대한 마키아벨리의 불만과 어떻게 병존할 수 있는지를 토론해야 한다. 그리고 '비(非)지배'가 지구적 차원으로 확대될 수 있는 정치사회적 가치라고 확신한다면, 이러한 가치가 국제정치의 냉혹한 현실에 대한 마키아벨리의 혜안을 통해 어떻게 '권력정치'에 대한 일반적 편견을 극복할 수 있는지를 고민해야 한다. 만약 이러한 문제들이 극복된다면, 한반도의 평화도 주변 국가들을 자극하는 민족주의가 아니라 평화적 공존을 지향하는 애국심을 통해 조성될 수 있다는 희망을 가질 수 있을 것이다.

리돌포 기란다이오, 「피에로 소데리니」, (16세기)
마키아벨리가 제2서기국 서기장으로 있을 때 보좌했던 피렌체 공화
정의 종신 통령으로, 『강의』에서 우유부단하고 문약한 지도자의 하나로 제
시된다. 마키아벨리는 피에로 소데리니가 온유함과 선의로 귀족들의 탐욕
을 극복하려 했다고 한탄한다.

2부
이방인
마키아벨리

당신의 매우 친절한 편지는 과거의 모든 고통들을 잊게 만들었습니다. 그리고 비록 당신이 내게 가진 애정을 무엇보다 확신하지만, 이 편지는 내게 너무나 반가운 것이었습니다. 진심으로 당신께 감사하고, 당신에게 유익과 도움이 될 수 있도록 신이 내게 당신을 만족시킬 수 있는 능력을 주시길 기도합니다. 왜냐하면 나는 [이번에 사면됨에 있어] 위대한 줄리아노 [메디치]와 당신의 [동생] 파올로 [베토리]에게 큰 빚을 졌기 때문입니다.

내가 운명의 여신에게 맞서고 있는 것에 대해서라면, 나는 당신이 이러한 나의 모든 어려움들로부터 즐거움을 만끽하길 바랍니다. 진정 나는 어려움들을 너무나 당당하게 이겨내고 있기에, 나는 이런 내가 자랑스럽고, 스스로를 내가 그러리라 믿었던 것보다 더 나은 사람이라고 생각하고 있습니다. 그리고 만약 우리의 새 주인들이 나를 나락에 내버려두는 것이 적절하지 않다고 본다면, 나는 행복할 것이며 그들도 나를 대견하게 여길 이유를 갖도록 할 수 있으리라 믿습니다. 그리고 만약 그들이 그럴 리 없다면, 나는 내가 이곳에 왔을 때처럼 지낼 것입니다. 나는 가난하게 태어났고, 어릴 적에 어떻게 즐기느냐(godere)보다 어떻게 견디느냐(stentare)를 배웠으니까 말입니다.

—「프란체스코 베토리에게 보낸 편지」, 1513년 3월 18일

마키아벨리의 정치사상은 천재적 기발함만큼이나 격에 매몰되지 않은 자유로움으로 가득하다. 뛰어난 인문학적 소양은 학자연하는 형식에 구속되지 않았고, 탁월한 정치적 통찰력은 복잡한 파당적 연줄에 얽매이지 않는다. 동일한 경험 속에서도 상황을 꿰뚫어보는 심미안을 나면서부터 가졌을 수도 있지만, 귀족도 부자도 아니었던 그의 출신이 가져다준 선물일 수도 있다.

사실 마키아벨리는 이렇다 할 가족적 계보(lignaggio)도, 정치적 연대(consorteria)도 없었다. 단지 아버지와 교류가 있었던 인문주의자들, 그리고 본인이 갖고 있는 재능이 전부였다. 그래서인지 그의 삶은 유쾌함 뒤에 고독이 스며들어 있고, 그의 저술은 수사적 기교 안에 예언가적 탄식이 배어 있다. '위대한 예언가(maggiore prefeta)'라고 칭찬한 사람도 있지만,[73] 피렌체의 귀족들과 실력자들은 그의 말에 주목하지 않았다. 언제나 그들에게 마키아벨리는 단지 '다른 생각(contraria professione)'을 하는 이방인일 뿐이었다.

20세기 중반 마키아벨리의 아버지 베르나르도(Bernardo Machiavelli)의 『회고록(Libro di Ricordi)』이 발견되기 전까지, 마키아벨

리의 어린 시절에 대한 연구는 그가 쓴 편지와 저술에 의존했다. 흥미롭게도, 마키아벨리가 묘사한 그의 어린 시절은 한마디로 '가난'이었다. 그러나 학자들 중에는 이 표현이 지나친 과장이라고 믿고 있는 사람들도 없지 않다.

첫 번째 이유는 마키아벨리의 가문이 한때 귀족은 아니었어도 '부유한 시민(popolani grassi)'의 부류에 들어갔기 때문이다. 13세기 로마 교황을 지지하는 세력(Guelfi)과 신성로마제국의 황제를 지지하는 세력(Ghibellini) 간의 싸움이 절정으로 치달았을 무렵, 발 디 페사(Val di Pesa)에 많은 토지를 갖고 있던 그의 가문은 상인들과 중산층 시민들이 대부분 그러했듯이 교황을 지지한다. 그러나 1260년 몬타페르티 전투(Battaglia di Montaperti)에서 교황파가 시에나와 결탁한 귀족들의 황제파에게 패배했을 때, 그의 가문도 큰 타격을 입는다. 비록 일시 추방당했다가 복귀하지만, 가문의 일부가 볼로냐로 이주를 할 정도로 그 피해는 극심했다. 1289년 교황파가 득세한 이후, 그의 가문은 지속적으로 교황을 지지하는 흑파(Neri)에 속했고, 교황을 반대하던 백파(Bianchi)가 1302년에 축출되면서 가문의 인사들이 정부의 요직을 두루 차지하게 된다. 마키아벨리 이전에 열세 명이나 피렌체 고위직에 봉직했으며, 1302년에 축출된 백파의 단테와 동시대 사람이었던 조반니 마키아벨리(Giovanni Machiavelli)가 살인과 강간으로 기소되었음에도 불구하고 고위직에 선출되었을 정도로 가문은 위세를 떨쳤다.

그러나 1469년 5월 3일, 마키아벨리가 태어났을 때 집안의 가

세는 이미 기울어 있었다. 궁핍한 것은 아니더라도 최소한 넉넉하지는 않았다.[74] 사실 메디치 가문이 득세하는 동안, 그의 가문은 몇몇 특출한 법률가들을 배출하기는 했지만 정치권력으로부터는 멀어졌다. 마키아벨리의 당숙이자 피렌체 대학의 교수를 역임했던 지롤라모(Girolamo Machiavelli)가 그나마 정부의 요직을 거친 유력한 인물이었는데, 이 인물조차 1458년 반(反) 코시모 메디치(Cosimo de' Medici) 선동으로 추방을 당하고, 1459년에 반역자로 낙인찍혀 재산을 몰수당했으며, 1460년에 발각된 반(反) 메디치 음모로 다시 체포되어 결국 옥중에서 고문으로 죽음을 맞이한다.[75] 비록 마키아벨리 가문은 메디치 가문을 노골적으로 적대시하지는 않았지만, 정권의 불필요한 의심을 받는 처지에까지 몰린 것이다. 게다가 마키아벨리의 어머니가 지롤라모와 함께 선동에 가담했다가 적지 않은 인물들이 추방된 베니치(Benizi) 가문에 시집을 갔었던 미망인이었다는 사실도 별반 좋은 영향을 끼치지는 않았을 것이다.

마키아벨리 집안은 가문 중에서도 경제적으로 가장 부실했다. 아버지의 농장은 매우 작고 소출도 적었으며, 그의 아버지는 1480년 세금 보고서에 "일정한 직업이 없다."고 썼을 정도였다. 그럼에도 불구하고, 그의 아버지는 다른 사촌들과 마찬가지로 법률가의 길을 걸었으며, 가난한 가정에서는 드물게 법학 박사학위를 가지고 있었다. 그리고 법률가로서의 활동은 활발하지 않았지만, 공증과 같은 잡일은 간간히 수행했던 것으로 보인다. 다만 1458년 반(反) 메디치 활동으로 사촌이 죽자, 그는 직업적으로나 정치적으로 크게 위축되어 숨죽이며 살아갈 수밖에 없었던 것으로 추측된다. 종합하면, 마키아벨리의 아버지는 그가 『군주』를 집필했던 산탄드레아의 조그만 산장을 제외하고는 모두 처분한 후에, 지금의 귀치아르디니 가(街) 16번지에 있는 건물에서 임대료를 받으며 연명함으로써, 특이할 것 없는 중하층의 살림살이를 꾸려 갔던 것 같다.

그래서 보잘것없는 가문의 29세 젊은이가 어떻게 피렌체 제2서기국 서기장으로 선출될 수 있었는지가 또 다른 관심사다. 24세까지 부모의 후견을 받는 것이 피렌체의 일반적 관례라는 점에서 볼 때, 피선거권을 겨우 가질 나이에 요직을 차지한 것을 단순히 개인의 능력 덕분이라고 보기는 어렵기 때문이다. 그리고 마키아벨리 가문의 사람들이 피렌체의 그 어떤 가문보다 더 자긍심이 강했다고 하더라도, 마키아벨리 스스로나 그의 아버지가 그렇게 유명한 인물들은 아니었기 때문이다.

2부는 바로 이러한 '이방인' 마키아벨리의 삶에 대한 이야기다. 첫 장에서는 마키아벨리의 인문학적 교양을 위한 아버지의 남다른 투자의 결과와 관련된다. 아버지의 독특한 이력과 마키아벨리의 공화정기의 출세가 갖는 밀접한 연관이 소개된다. 두 번째 장에서는 공직에서 추방된 후의 저술 속에 녹아 있는 그의 공직 생활을 살펴본다. 그가 시대사적 변화 속에서 무엇을 상상했는지, 그리고 그가 상상한 것들은 왜 그리고 어떻게 이전 정치철학자들의 이상들과 다른지를 논의한다. 그리고 마지막으로 선생으로서 마키아벨리의 모습을 다시 돌아본다. 특히 두 명의 유력 가문의 자제들에게 헌정한

『강의』에서 차마 숨기지 못한 교육자로서의 애틋한 면모를 재조명
할 것이다.

4장
희극을 쓰는 시인

역사는 일어난 일에 관련되고, 시는 일어날 법한 일과 관련된다. 이런 이유에서 시는 역사보다 더 철학적이고 더 진지하다. 시는 보편적인 것들에 대해 말하고, 역사는 개별적인 것들에 대해 말한다. 보편이란 어떤 사람이 개연성 또는 필연성에 따라 잘 말할 수 있거나 할 수 있는 것으로, 이것이 시가 목적하는 바이다.

— 아리스토텔레스, 『시학』, 1451b 4-10

누구든 우리 편지를 본다면, 친애하는 친구여, 그래서 그 차이를 알게 된다면, 크게 놀랄 것입니다. 왜냐하면 처음에는 우리가 엄중한 사안에 완전히 경도된, 너무나 진지한 사람이어서 고결하고 중대한 것이 아니면 생각지도 않을 것같이 보이지만, 다음 장을 넘기면 동일한 사람들이 천박하고, 변덕스럽고, 음탕하며, 터무니없는 일에 빠져 있는 것처럼 보일 것이기 때문입니다. 누군가에게는 이런 행동이 경멸할 만한 것으로 보일 수 있겠지만, 내겐 칭찬받을 일로 보입니다. 왜냐하면 우리는 변화무쌍한 자연을 모방하기 때문입니다.(perché noi imitiamo la natura, che è varia.) 누구든 자연을 모방하는 사람은 비난받을 수 없습니다.

—「베토리에게 보낸 편지」, 1515년 1월 31일

아버지의 유산

마키아벨리의 아버지, 베르나르도(Bernardo Machiavelli)는 자기 가족을 '패거리(brigata)'라고 불렀다. 그만큼 그는 가족적 유대를 중시하는 사람이었고, 가문에 대한 나름의 긍지를 갖고 살아가던 인물이었다. 그러기에 그도 다른 유력 가문의 가장들처럼 『회고록』을 1474년부터 쓰기 시작했다. 이때 그의 나이는 마흔일곱 살이었다. 그리고 열한 살 연하인 그의 아내와 사이에서 세 명의 자녀를 두고 있었다. 프리마베라와 마르게리타가 각각 열 살과 일곱 살이었고, 마키아벨리는 다섯 살이었다. 1년 후에 토토가 태어나, 베르나르도는 딸 둘에 아들 둘인 4남매의 가장이 되었다.

사실 베르나르도는 공화주의에 대한 남다른 식견을 가진 인물이었다. 친구이자 메디치 가문의 요직을 두루 거친 신(新)플라톤주의자 바르톨로메오 스칼라(Bartolomeo Scala)의 기록에서 보듯,[76] 베르나르도는 메디치 가문의 통치에 곱지 않은 시선을 갖고 있던 공화주의자였다. 베르나르도와의 사적인 대화에서, 스칼라는 법이란 시대와 상황에 따라 바뀌는 것이기에, 이러한 변화의 본질을 파악할 수 있는 한 명의 신중한 군주의 통치가 다른 어떤 통치 형태보다 낫다는 견해를 피력한다. 그러자 베르나르도는 공화주의 입장에서 반론을 제기한다. "한 명의 군주에게 의지하는 통치보다 인민에 의해 만들어진 법을 통한 통치가 월등"히 낫고,[77] 동일한 맥락에서 "메디치의 통치는 절제되지 않은 지배욕으로 결국 참주정으로 전락할 것"이라는 주장을 전개한다.[78] 어쩌면 마키아벨리의 공화주의는 아버지를 통해 아주 어릴 적부터 만들어지기 시작했는지도 모를 일이다.

그렇지만 베르나르도의 정치적 활동을 가로막은 것은 비단 사촌의 죽음이나 메디치 가문의 득세만은 아니었다. 그는 공적인 지위를 갖거나 선출직에 나설 수 없는 재정적인 형편에 처해 있었다. 그의 이름은 시 정부의 공식 문서에 '부채자(specchio)'로 이름이 올라가 있었고, 이러한 상태에서는 정치는커녕 공증인으로서의 활동도 힘들 수밖에 없었다.[79] 밀린 세금을 내려고 노력은 했지만, 그는 매년 불어나는 빚을 끝내 감당하지는 못했던 것이다. 삼촌들로부터 산탄드레아 산장을 비롯한 일정 정도의 유산을 물려받는 행운도, 그들의 부채까지 떠맡아야 했기에 오히려 빚을 불리는 결과를 가져왔다. 그리고 베르나르도의 부채는 이후 마키아벨리의 출세에도 지장을 초래한다. 그의 정적들이 가계의 부채를 가지고 마키아벨리의 자격을 놓고 시비를 걸어 왔기 때문이다. 아마도 마키아벨리가 입버릇처럼 말한 '궁핍'은 바로 이런 상황에 대한 어린 시절의 경험에서 비롯되었다고 보아도 무방할 것이다.

인문주의 교육

베르나르도의 인문학적 열정에 대해서는 잘 알려져 있다. 무엇보다 그는 좋은 책을 얻거나 사는 데 무척이나 열중했다. 일차적으로 그의 관심사는 법률학이었다. 비록 법률가로서 활발하게 활동하지는 않았지만, 당시 피렌체 대학의 법학 교수를 두 명이나 배출한 집안의 내력에서 볼 때 이상할 것도 없다. 다만 그의 관심이 법학적 논쟁만이 아니라 로마법 일체를 포함한 서지학적 지식까지 갖추었다는 것은 눈여겨볼 만하다. 즉 인문주의적 소양을 갖춘 사람들만이 나눌 수 있는 대화가 가능했고, 일반적인 인문학적 관심을 넘어 전문가만이 알 수 있는 영역까지 깊이 파고들었다는 것이다. 책을 빌려서 읽고 또 읽다가, 마음에 들면 무리를 해서라도 사고 만다. 그리고 가능하면 베네치아에서 인쇄된 책을 산다. 그러기에 1475년 그가 리비우스의 『로마사(Ab Urbe Condita)』의 지명색인을 도와주고 10년이나 기다려서 책을 제본해 얻은 일화는 놀라울 것도 없는 일 중의 하나였던 것이다.

이런 아버지의 인문학적 열정은 마키아벨리의 교육에 지대한 영향을 끼쳤다. 일곱 살 때부터 마테오(Maestro Matteo)에게 라틴어를 배웠고, 이듬해 포피(Battista da Poppi)로부터 문법을 배웠으며, 몇 년 후 당대의 석학이었던 란디노(Cristoforo Landino)의 동료로서 명망을 누리고 있던 파골로 론칠리오네(Pagolo Sasso da Ronciglione)로부터 인문학적 교육을 받는다.[80] 마키아벨리가 대학 교육을 받았는지에 대해서는 논란이 끝나지 않았다. 베르나르도의 기록에는 그가 대학 교육을 받았는지에 대한 언급이 없으며, 그의 문체와 형식이 당시 대학 교육을 받은 인문주의자들의 것과 매우 다르기 때문이다. 일반적으로 마키아벨리가 피렌체 대학의 전신인 피렌체 학당(lo Studio Fiorentino)에 출석했지만, 정규 대학 교육을 받은 사람들과는 달리 그리스어를 읽을 수 없었다고 추측한다.

마키아벨리의 인문학적 토양이 귀족들이나 유력 가문의 자제들과 조금 달랐다는 것은 결과적으로는 좋았다. 그는 그리스어를 알지 못해 홀대를 당한다거나, 학벌이 없어 멸시를 당하는 것 따위에 위축될 사람이 아니었다. 그래서 오히려 그의 독창적인 생각들이 틀에 박힌 관행 때문에 손상되지 않았고, 불필요한 계보에 재치로 가득한 그의 비판의 날이 둔해지지 않았다. 특히 그는 어머니로부터 물려받은 시적인 소질을 마음껏 발휘했고, 그의 시는 그를 아끼는 사람들에게뿐만 아니라 대중에게도 사랑을 받았다. 그의 첫 번째 『연대기』는 당시 적지 않은 성공을 가져다주었고, 그가 감옥에서 자신을 구제해 줄 수 있으리라 기대했던 것도 줄리아노 메디치(Giuliano Medici)에게 바친 14행시(sonetto)였다.

나는 희망하네. 허나 희망이 나의 괴로움을 더하네.

나는 운다네. 허나 울어도 나의 마음은 더욱 지치네.

나는 웃네. 허나 나의 웃음이 나의 영혼을 어루만지지 못하네.

나는 타네. 허나 나의 열정을 누구도 보지 못하네.

나는 내가 보고 내가 느끼는 것들이 두렵기만 하네.

모든 것이 내게 새로운 고통을 주네.

그래서 나는 희망하면서, 울고 웃고 태우네.

그리고 나는 내가 듣고 본 바가 두렵네.

— 『8행시(Strambotti)』, I장 422

가장 뛰어난 마키아벨리 전기를 쓴 학자들 중의 한 사람인 리돌피(Roberto Ridolfi)가 말하듯, 마키아벨리의 시적 상상력은 그를 인문주의의 교양을 훨씬 뛰어넘도록 만들었다. "인문주의의 아들, 그러나 결코 돌아오지 않은 탕자. 그는 학문보다 정신에서 인문주의자들과 달랐다."[81]는 말을 부인할 사람은 많지 않다. 시적 나래 아래서 숨을 쉬는 창조적인 상상력이 그의 공직 생활과 저술 활동 속에 끊임없이 소용돌이쳤기 때문이다.

희극적 글쓰기

마키아벨리의 글은 시(詩)보다 더 시적이다. 그래서 그의 글은 몇몇 학자들로부터 '신이 내린 글(divina prosa)'이라는 찬사까지 받는다. 그러나 이 말이 그의 수사적 기교와 설득적 웅변만을 이야기한다면, 칭찬이라기보다 폄하에 가까운 표현이다. 왜냐하면 그가 보여 준 외교문서가 갖고 있는 간명하면서도 정확한 서술, 그리고 인간의 심리를 꿰뚫으면서도 인간적, 철학적 성찰의 여지를 남겨두는 결론, 이와 같은 것들은 시적 감동만으로 단순화할 수 없는 건축가의 탁월한 구상력과 교육자의 신중한 선택을 동시에 요구하기 때문이다. 그냥 지나칠 것 같은 부분에서 용기를 내고, 숨죽일 것 같은 맥락에서 노출하며, 열변을 토할 것 같은 곳에서 침묵한다. 그리고 모두를 수수께끼 속으로 끌어들인다.

희극의 목표는 일상의 삶(una vita privata)의 거울을 들어 올리는 것이다. 이렇게 하는 방식은 일정 정도의 세련됨과 관객을 웃기는 표현들이다. 그래서 열심히 즐기기 위해 오는 사람들이 나중에 그 밑에 내재된 유용한 교훈을 맛보게 되는 것이다.
—『우리 언어에 대하여(Intro alla nostra lingua)』, 174-275

위에서 보듯, 마키아벨리는 스스로의 글을 수수께끼로 남기거나 철학적 고민에 빠지게 만들 생각은 추호도 없다. 그의 글은 마치 희극과 같다. 인간의 흠결과 삶의 단면을 그대로 노출하고, 상대를 '바보 같은 사람'이라고 힐난하고 조소하도록 내버려 둔다. 그런 연후에 그는 관객과 독자들이 주변을 돌아보도록 만든다. 어쩌면 그에게는 '정치라면 신물이 난다.'는 사람들은 이미 독자가 아닐지도 모른다. 정치에 관심이 없는 사람에게, 교리를 설파하듯 찾아가서 끊임없이 설득할 생각이 애초부터 없었는지도 모른다. '정치는 애초부터 추악하다.'고 생각하는 사람들, 그래서 진흙탕에 몸을 내던질 각오가 되어 있는 사람들, 그럼에도 불구하고 정치를 통해 새로운 희망을 꿈꾸는 사람들이 그의 관객이고 독자이기 때문이다.

그래서 마키아벨리의 저술들은 '신이 내린 글'이 아니라 '시인이 쓴 희극'이라는 표현이 맞을지 모른다. 소크라테스보다는 소포클레스에 가깝고, 플라톤보다 아리스토텔레스에게 더 가깝다. 그는 인간적 흠결에 대한 자각을 통해 보다 영원한 진리를 추구하기보다, 삶의 모순을 통해 시인이 청중을 가르칠 수 있는 시대를 염원하기 때문이다. 그리고 시인을 스스로도 모르는 것을 이야기하는 사람이라고 무시하기보다, 영원을 추구하는 철학과 눈앞의 현실을 말하는 정치의 가교를 제공하는 '가능성의 미학'으로 이해하기 때문이다.

5장
절망 속 희망

공화정에는 더 많은 삶, 더 많은 증오, 복수에 대한 더한 열망이 있다. 그들의 옛 자유에 대한 기억은 그들을 잠잠하도록 내버려두지 않는다. 그래서 가장 안전한 길은 공화정을 제거하거나 그곳에 사는 것이다.

—『군주』, 5장 (9)

이러한 제도들이 더 이상 좋지 않다는 점이 드러나면 일시에 새 것과 바꾸든지 아니면 모든 사람들이 인지하기 전에 조금씩 바꾸든지 해야 하기 때문에, 두 가지 방법 모두가 거의 불가능하다고 말하겠다. 만약 조금씩 새것으로 바꾸기를 원한다면, 이런 불편함을 아주 멀리서, 그리고 나타나자마자 볼 수 있는 신중한 한 사람(uno prudente)이 필요하다. 그러나 이러한 사람들이 어떤 도시에 나타나는 것은 실로 어렵다. 설사 나타난다고 해도, 그가 이해하는 바를 어느 누구에게도 납득시킬 수 없다. 왜냐하면 한 가지 방식에 따라 사는 데 익숙한 사람은 그것을 고치기를 원하지 않으며, 특히 악이 목도되지 않고 추론을 통해 설명될 때에는 더더욱 그러하기 때문이다.

—『강의』, I권 18장 (23)-(25)

공직 이전

1498년 3월 9일, 마키아벨리는 교황청에 대사로 가 있던 리치아르도 베키(Ricciardo Becchi)에게 편지를 쓴다. 베키는 1496년부터 사보나롤라를 공개적으로 비난했던 대표적인 반(反)사보나롤라 인사였다. 그래서 그는 로마 교회로부터 파문당한 사보나롤라가 산마르코 성당에서 재개한 설교의 내용에 대해 알고 싶었고, 그래서 마키아벨리에게 가능하면 이 일에 대해 일일이 일러달라고 부탁했던 것이다. 당시 사보나롤라를 둘러싸고 벌어진 피렌체의 파당적 대치로 본다면, 그는 메디치 가문의 복귀를 모색하는 '회색파(bigi)'는 아니라도, 최소한 사보나롤라의 정치 개입에 불만을 가졌던 '분노파(arrabbiati)'거나 민중파에 적대적이었던 '귀족파(compagnacci)'(말 그대로 한다면 '동무파')였던 것이다.

얼마 전만 하더라도 피렌체 시민 모두가 스스로를 '통곡파(piagnoni)'나 '형제파(frateschi)'라고 부르기를 주저하지 않았다. 전자는 사보나롤라의 설교에 감동을 받아 회개의 눈물을 흘리는 사람들을 빗대어 부르는 말이었고, 후자는 말 그대로 '수사(frate)'를 추종하는 사람들을 지칭하던 말이다. 이들은 정부의 요직과 주요 위원회를 독식했고, 거리에서 행해졌던 젊은이들의 집단행동을 통해 피렌체를 종교적 규율과 도덕적 훈육에 시달리게 만들었다. 그러나 1498년부터 사보나롤라의 영향력은 눈에 뛰게 줄어들었다. 그의 후견을 받았던 정부의 자의적인 권력 행사, 지나친 금욕적 요구에 신물이 났던 시민들, 그리고 믿었던 프랑스마저 이탈리아에서 발을 빼는 상황에서, 3월 1일에는 최고 정책 결정 기구인 정무위원회(Signoria)마저 교황의 압력에 굴복하고 만다. 이에 사보나롤라는 설교를 통해 추종자들의 수를 과시함으로써 여전히 자신이 정치적으로 살아 있다는 것을 보여 주고자 했던 것이다.

이런 사보나롤라에 대한 마키아벨리의 비난은 매우 신랄했다. 아무리 장난기가 섞인 사적인 편지라고는 하지만, "시류에 편승하고, 거짓을 둘러댄다.(viene secondado e tempi, et le sua bugie colorendo.)"는 표현은 이후 그가 『군주』와 『강의』에서 사보나롤라에게 지적하는 바와 크게 다르지 않다.[82] 철저하게 사보나롤라의 종교적 행위를 정치적인 관점에서 관찰했고, 그가 요구한 신앙의 회복을 이른바 종교를 통한 종파적 붕당 행위로 이해했다. 다른 정치가들과 다를 바 없이 자기 세력을 규합하려고 했고, 오히려 종교를 앞세워 시민의 정치적 의제를 불필요한 것들로 대체했다고 판단했다. 다만 종교의 정치적 힘이 얼마나 대단한지를 확인시켜 준 것만큼은 고마울 따름이었다.

그래서인지 마키아벨리는 1498년 2월에 있었던 선거에서 사보나롤라의 추종자인 안토니오 밀리오로티(Antonio Migliorotti)에게 패배한다. '분노파'라는 소문도 돌았고, 스스로도 사보나롤라 추종자들과 일정한 거리를 두고 있었던 것이 실패의 가장 큰 이유였다. 따라서 1498년 6월, 사보나롤라가 몰락한 뒤 곧 벌어진 선거에서 상황은 호전될 수밖에 없었다. 그의 반(反)사보나롤라 태도가 제2서기국의 서기장 자리를 놓고 벌어진 선거에서 유리하게 작용한 것이다. 두 번에 걸쳐 80인 위원회로부터 후보 지명을 받은 것이 과연 누구의 천거를 통해 가능했느냐는 질문은 아직도 끊이지 않는다. 아버지의 인문주의자들과의 교분, 마키아벨리 자신의 인맥, 그리고 제한되었지만 피렌체 지식인들 사이에서는 인정받을 만한 재능, 이 모두가 가능성은 있지만 확실하지는 않다. 그렇지만 그가 사보나롤라의 추종자가 아니었다는 점, 그렇다고 특정 당파에 소속되지도 않았다는 점이 유리하게 작용했으리라는 추측은 충분히 가능하다.

공직 생활

1437년에 설립된 제2서기국은 주로 최고 행정 체계인 정무위원회의 예산 집행을 비롯한 국내 문제를 담당했지만, 용병대장의 임금을 지급하는 등 전쟁 업무를 수행했기에, 외교 업무를 주로 담당했던 제1서기국과 업무가 많이 겹쳤다. 특히 마키아벨리는 외교

문서를 쓰는 데에 뛰어난 소질이 있었을 뿐만 아니라, 상황을 간명하게 보고하는 데에 탁월한 소질이 있다고 정평이 났기에 더욱 그러했다. 게다가 제2서기국 서기장으로 선출된 뒤 몇 달 후에 전쟁을 총괄하는 10인 위원회의 서기장이라는 직분까지 맡았기에, 마키아벨리는 사보나롤라 몰락 이후 수립된 공화정에서 외교 업무와 전쟁 업무를 도맡아 처리하게 된다.

실제로 마키아벨리의 활약은 외교 분야에서 돋보였다. 특히 샤를 8세의 이탈리아 침공이라는 혼란을 틈타 독립한 피사를 회복하려는 외교 업무에서 두각을 나타낸다. 피사와의 전쟁은 항구가 없는 피렌체가 생명줄을 회복하려는 몸부림이나 다름이 없었다. 이런 때에 그의 냉정하고 신중한 판단을 담은 보고서가 당시 피렌체 공화정의 수반이었던 피에로 소데리니(Piero Soderini)의 큰 신뢰를 얻게 된 것이다. 그러나 용병대장들의 잦은 배신, 프랑스를 비롯한 강대국들의 이해타산으로 인해 그의 활약은 늘 빛이 바랬다.

프랑스인들은 그들의 힘에 눈이 멀었고, 단지 무력을 갖추었거나 만족할 만큼의 상당한 돈을 주려는 자들만 고려합니다.
— 「델라 카사와 마키아벨리의 정무위원회 보고서」, 1500년 8월 29일

마키아벨리가 쓴 것으로 보이는 8월 29일 보고서는 정무위원들에게 더 이상 수사와 웅변으로 프랑스를 설득할 수 없다고 토로한다. 프랑스 왕은 피렌체가 피사 공략에 돈을 쓰지 않는다고 비난하

고, 피렌체 정부는 더 이상 프랑스에 뒷돈을 댈 수 없는 형편에 몰렸다. 그렇기에 프랑스 궁정에서는 누구도 피렌체 외교관들의 말에 주의를 기울이지 않았다. 이런 과정에서 마키아벨리는 약소국의 서러움을 뼈저리게 경험한다. 힘없는 나라는 결코 상대방의 실질적인 협력을 얻어내지 못한다는 냉혹한 현실을 몸소 보고 느낀 것이다.

이런 비탄에 잠겨 있는 마키아벨리는 1502년 이탈리아 도시국가들의 운명을 구제해 줄 인물을 만난다. 바로 체사레 보르자(Cesare Borgia)를 만나게 된 것이다. 프랑스 루이 12세의 지원을 등에 업고 이탈리아의 중부를 휩쓸고 있던 체사레가 피렌체를 어떻게 할 것인지 파악하기 위해 파견된 것이다. 그는 보르자로부터 잔인하고 무분별한 용병대장들과는 다른 품위, 그럼에도 불구하고 잔인함을 적절하게 사용함으로써 목적을 달성하는 무서우리만큼 냉정한 태도를 발견하고 감탄하게 된다. 그리고 바로 이런 사람이라면 이탈리아의 분열만을 가져온 교회 세력을 대체할 수 있을 것이라는 희망을 가졌다. 그러나 1503년 교황 알렉산드르 6세의 갑작스러운 사망, 두 차례의 교황 선거를 통해 등장한 율리우스 2세의 교활함에 체사레가 농락당함으로써 마키아벨리의 기대는 물거품이 되고 만다.

이때 마키아벨리는 민병대의 필요성을 더욱 강하게 느끼게 되고, 그의 피 나는 노력으로 1506년에 피렌체 민병대가 창설된다. 그리고 이 민병대가 주축을 이룬 피렌체 군대가 1509년 피사를 회복함으로써 생애 최고의 기쁨을 맛보게 된다. 그가 맛본 이 기쁨은 『전술』에서 파브리치오의 답변을 통해 다시금 확인된다.

우선 시민군의 무용론에 대해 말하자면, 나는 당신에게 자기 [시민으로 만든 것]보다 더 유용한 군대는 없고, 이런 방식이 아니고서는 진정 자기의 군대를 조직할 방법도 없다고 말하겠습니다. 이건 논쟁의 여지가 없습니다. 옛 역사의 모든 사례들이 우리들에게 보여 주었기에, 이 점에 대해서는 시간을 낭비하고 싶지 않습니다.

—『전술』, I권 (163)-(164)

그러나 이후 마키아벨리의 생애는 강대국의 틈바구니에서 주저앉은 피렌체 공화국과 함께 서서히 몰락의 길로 접어든다. 새로 교황이 된 율리우스 2세는 거침없이 세력을 넓혀 갔고, 이에 위협을 느낀 프랑스 루이 12세와 교황의 대립이 격화되면서 이탈리아에는 전운이 감돌았다.

마침내 1512년 교황과 동맹한 베네치아·스페인 연합군이 프랑스에 맞서 전쟁이 일어나고, 4월 11일 라벤나 전쟁에서 총사령관을 잃은 프랑스군이 철수를 하고 만다. 곧이어 지금까지 프랑스에 의지했던 피렌체 공화정은 곤경에 처한다. 이때 이미 피렌체에는 메디치 복구의 움직임이 일어났고, 8월에 피렌체령인 프라토가 스페인 군의 손에 유린되었다. 교황의 지시와 스페인 군의 지원 속에 메디치의 군대는 피렌체 민병대를 연파했고, 9월에 피렌체 공화정은 친(親)메디치 쿠데타로 사실상 붕괴하게 된다. 피에로 소데리니는 사임과 동시에 망명길에 올랐고, 마키아벨리는 11월에 파직됨과 동시에 피렌체 외곽으로 추방당하는 수모를 당한다. 그의 처지는 1513년 미수에 그친 반(反)메디치 음모에 가담했다는 혐의를 받아 더욱 만신창이가 된다. 이때 그의 나이 44세였다.

공직 이후

1513년 이후, 마키아벨리는 자신이 사랑했던 정치적 삶으로부터 완전히 배제된 채 살아가게 된다. 그래서 그는 이 시절을 '모든 것을 잃은 후(post res perditas)'라고 묘사했다.[83] 그러나 그는 원래부터 가진 것이라고는 하나도 없는 일벌레일 뿐이었다. 14년 동안 피렌체 시민의 자유를 위해 쉬지 않고 동분서주했을 뿐, 공직 생활을 통해 개인적 부도 정치적 인맥도 늘어나거나 확대된 것이 없었다. 오히려 그의 일에 대한 남다른 열정은 동료들로부터 시기를 불러일으켰고, 외교관으로 로마 교황청에 파견되었을 때 접촉을 피하면서 생긴 메디치 가문의 경계심은 그의 공직 이후의 삶을 고난과 좌절로 이끌었다. 여기에 피에로 소데리니에게 향한 귀족들의 적개심은 그의 복귀를 사전에 차단했다.

망명해 있던 피에로 소데리니가 라구사 공화국의 서기장을 제의하기도 했고, 1521년 제2서기국 서기장의 봉급보다 훨씬 더 많은 돈으로 용병대장 콜론나(Prospero Colonna)에게 요직을 제안받기도 했지만, 그는 피렌체를 제외한 다른 지역의 공직을 모두 거절했다. 그 대신 이후 교황 클레멘스 7세로 즉위한 줄리오 메디치(Giulio de' Medici) 추기경의 제의를 받아들여 피렌체의 역사를 집필했고, 피렌체의 성벽 방어를 위해 만들어진 보잘것없는 위원회의 서기장을 기쁜 마음으로 받아들였다. 그러나 마키아벨리의 이러한 조국애는 1527년 스페인 군에 의해 로마가 함락되면서 들어선 피렌체공화정이 그를 불신하는 계기가 된다.

왜냐하면 그는 그가 살았을 때 알렉산드로스 대왕의 아버지인 마케도니아의 필리포스나 로마의 스키피오보다 열등하지 않았기에, 그는 둘과 같은 나이에 죽었다. 그리고 의심할 여지 없이 만약 루카 대신에 마케도니아나 로마를 그의 조국으로 가졌었다면 그들 모두를 능가했을 것이다.

——『카스트루치오의 삶』, 41

1527년에 부활된 공화정이 마키아벨리를 메디치 가문의 인사라는 이유로 공직 선출에서 배제하자, 그는 갑자기 병을 얻어 세상을 떠나고 만다. 어쩌면 자기가 신화적 인물로 채색한 카스트루치오가 죽은 나이, 즉 자신이 공직으로부터 완전히 배제되었던 44세에 마키아벨리는 이미 죽었던 것인지도 모른다. 시민의 자유를 위한 삶, 그리고 '정치적 삶(vivero politico)'이 그에게는 '모든 것'이었기 때문이다.

니콜로 마키아벨리

　　마키아벨리의 인문학적 토양이 귀족들이나 유력 가문의 자제들과 조금 달랐다는 것은 결과적으로는 좋았다. 그는 그리스어를 알지 못해 홀대를 당한다거나, 학벌이 없어 멸시를 당하는 것 따위에 위축될 사람이 아니었다. 그래서 오히려 그의 독창적인 생각들이 틀에 박힌 관행 때문에 손상되지 않았고, 불필요한 계보에 재치로 가득한 그의 비판의 날이 둔해지지 않았다. 특히 그는 어머니로부터 물려받은 시적인 소질을 마음껏 발휘했고, 그의 시는 그를 아끼는 사람들에게뿐만 아니라 대중에게도 사랑을 받았다.

6장
마키아벨리의 침묵

지금까지 나는 내가 믿는 바를 말하지 못했고, 내가 말한 바도 결코 믿지 않았습니다. 종종 정말 진실을 말할 경우가 있다면, 나는 그것을 찾기 어려운 수많은 거짓말들 사이에 감춥니다.

―「귀치아르디니에게 보낸 편지」, 1521년 5월 17일

"오 운명의 신이시여, 당신은 여자이기에 늘 젊은이의 친구이지 않았던가.(O Fortuna, tu suòi pure, sendo donna, essere amica de'giovani.)"

―『클리치아』, 4장 I

선생 마키아벨리

마키아벨리와 같은 사람이 어떤 부분 또는 어떤 사실을 제자들

에게 바치는 책에서 침묵한다는 것은 큰 의미가 있다. 제자들의 부탁을 받고 책을 써 내려간 선생, 이들에게 자신의 책을 시간을 두고 읽어달라고 부탁했던 선생, 그리고 이들이 자신이 꿈꾸는 공화정의 지도자들이 될 충분한 잠재력을 갖추고 있다고 믿었던 선생이라면, 말하는 것만큼이나 침묵을 통해 무엇인가를 가르치려고 했다는 것이다.

이런 맥락에서 『강의』에서 마키아벨리가 보여 주는 혁명 (revoluzione)에 대한 침묵은 여러 가지 의미가 있다. 보다 정확하게 말하자면 '혁명'이라는 단어를 사용하지 않는다. 그렇다고 혁명적 소용돌이나 정치적 격변을 언급하지 않은 것은 아니다. 『강의』에서 마키아벨리는 그 누구보다 상세하게 집단적 봉기나 정치체제의 변화를 설명했다. 다만 이러한 정치적 격변을 설명할 때, 마키아벨리는 의도적으로 'revoluzione'라는 단어를 사용하지 않았다. 그 대신 폭동(tumulto), 혁신(novità), 정체 변화(mutazione), 봉기(ribellione), 쇄신 (rinnovazione), 그리고 음모(congiura)라는 단어들을 혁명적 사건의 묘사를 위해 사용한다.

혹자는 'revoluzione'가 1년마다 천체의 운행이 제자리로 돌아오는 것을 의미했다고 주장하지만, 16세기 르네상스 시기부터는 기존 정치 질서가 폭력적 방법이나 집단적 봉기로 인해 전복되는 것 또는 이와 유사한 정치적 격변을 지칭하는 단어로 널리 사용되기 시작했다고 보는 것이 정설이다. 실제로 14세기부터 'revoluzione'는 빈번하게 정치적 의미로 사용되었고, 마키아벨리 자신도 『군주』에서 'revoluzione'를 사용해 이탈리아에서 벌어진 수많은 정치 변동을 묘사하기도 한다.[84] 그렇다면 왜 마키아벨리는 『강의』에서 '혁명'이라는 단어를 기피한 것일까? 제자들에게 바친 책에서 무슨 이유로 '혁명'이라는 단어를 사용하지 않았을까?

청년과 참주

여기에서 우리는 선생으로서 마키아벨리에게 주목할 이유가 있다. 특별히 그가 책을 바쳤던 제자들을 어떻게 생각했는지를 살펴보아야 한다. 우선 그의 제자들은 지배하려는 욕구를 가진 '귀족(i grandi)'으로 분류된다. 주지하다시피, 마키아벨리는 사회를 두 집단으로 분류하고, 각 집단이 가진 정치적 경향성을 심리적 기질(umore)로 표현하곤 했다. 하나는 지배하려는 욕망을 가진 귀족(i grandi)이고, 다른 하나는 지배받지 않으려는 욕구를 가진 인민(il populo)이다.[85] 이때 귀족의 지배하고자 하는 기질은 끝없는 야망과 같은 것으로 결코 충족될 수 없는 것이지만, 인민의 지배받지 않고자 하는 기질은 타인의 자의적 의지로부터 해방되어 스스로가 미래를 결정할 수 있을 때 만족될 수 있는 것으로 규정된다.

설사 인민이 소요를 일으킨다고 하더라도, 그 이유는 귀족의 오만함이 인민에게 자유롭고자 하는 열망으로부터 지배하고자 하는 열망을 불러일으키는 데 있다고 설명한다.[86] 동시에 마키아벨리는 인민의 기질을 노예 상태와는 대립되는 자유(libertà)라고 불렀고, 인민의 자유를 통해 귀족의 야망을 견제할 수 있는 정치 질서가 바로 공화정이라고 믿었다. 이러한 분류에서 본다면, 마키아벨리가 책을 바친 코시모 루첼라이(Cosimo Rucellai)와 자노비 본델몬티(Zanobi Buondelmonti)는 귀족이었다. 왜냐하면 그들은 모두 피렌체의 대표적인 유력자 집안의 자제들이었기 때문이다.

또한 그의 제자들은 마키아벨리에게 '대중 정치인(popolari)'이었다. 마키아벨리가 정의하는 '대중 정치인'은 인민의 이익을 대변하는 대중 지도자를 가리킨다. 특히 마키아벨리의 뇌리에 깊게 새겨진 대중 정치인은 로마 공화국에서 10인 위원회의 전제를 주도했던 아피우스(Appius Claudius)와 그의 친구들이다. 아피우스는 인민의 이익을 대변하는 것처럼 속여 10인 위원회의 임기를 연장하고, 귀족들의 예상을 깨고 스스로를 추천해서 재선된다.[87] 마키아벨리는 모든 일이 끝난 후 인민의 적으로 돌변한 아피우스의 영민함, 그리고 그의 사악함에 물들어 탁월함과 선량함을 잃어버린 파비우스(Quintus Fabius)의 부패를 대중 정치인의 전형으로 묘사한다.[72]

특히 아피우스가 대중의 지도자(uomo popolare)인 양 행동했다고 말할 때,[88] 마키아벨리는 루첼라이 정원(Orti Oricellari)의 모임에 참여한 유력자 가문의 자제들을 염두에 두고 있다. 용례에도 없는 복수를 써 가며 그의 제자들이 '지도자들(principi)'이 될 능력을 가졌다고 말하는 것만 보더라도 그의 심중을 읽을 수 있다. 즉 지배하고자 하는 욕구를 가졌기 때문에 귀족의 심리적 기질을 공유하지만,

지위는 인민일 수도 있고 귀족일 수도 있으며, 인민의 이익을 대변하지만 민중의 정치 참여에 인색한 귀족적 정부를 지지할 수도 있는 대중 정치인으로 그의 제자들을 보고 있는 것이다.

　선생으로서 마키아벨리는 혁명에 침묵할 수밖에 없었을지도 모른다. 인간 사회에서 갈등은 불가피할 뿐만 아니라, 그것이 제도를 통해 잘 정비된다면 인민의 자유와 공화정의 위대함을 가져올 것이라고 믿었던 마키아벨리에게도 제자들에게 가르칠 최상의 방법이 혁명은 아니었던 것이다. 만약 그가 원했던 바가 혁명적 참주의 출현이었다면 혁명에 대해 침묵할 필요가 없었을 것이다. 완전히 부패한 공화국의 개혁을 위해서는 제왕적 권력(podestà regia)을 가진 한 사람(uno solo) 또는 왕국에서나 볼 수 있는 정치권력의 행사가 필요하다고 강조했기 때문이다.[90] 그러나 피렌체는 완전히 부패한 공화국이 아니었고, 심각한 불평등으로 군주정 이외의 어떤 것도 세우기 힘든 도시도 아니었다. 대신 로마공화정과는 달리 상호 파멸로 치닫고 있는 귀족과 인민의 대결, 그리고 외국 군대와 참주를 옹립해서라도 상대를 제거하고자 갈망하는 환경 속에 있었을 뿐이다.[91] 이런 상황에서 대중 정치인 또는 잠재적 대중 지도자로 묘사된, 그리고 열정으로 가득한 그의 젊은 제자들에게 혁명이라는 단어를 사용하는 것은 위험천만한 일이었을 것이다. 이렇게도 조심했건만, 자노비를 비롯한 루첼라이 정원의 젊은이들이 설익은 반(反)메디치 음모 사건에 연루되었지 않았던가 말이다.

'민주적' 리더십

마키아벨리는 침묵으로 그의 제자들에게 무엇을 가르쳐 주려고 했을까? 바로 민주적 리더십이다. 여기에서 민주적 리더십이란 인민의 이익을 대변하지만, 인민과 귀족을 포괄하는 전체적인 조망이 가능한 지도자의 능력을 말한다. 또한 계층 사이의 공존을 이야기하는 데 그치기보다, 인민의 정치 참여가 중요한 시대에 대한 자각을 수반하는 지도자의 통찰력을 말한다. 일반적으로, 마키아벨리의 정치 개혁의 청사진으로는 참주 살해 음모와 외세에 대한 저항, 제도적으로는 혼합정체를 통해 안으로는 안정을, 밖으로는 강력한 헤게모니를 행사할 수 있는 공화정이 논의된다. 그러나 제왕적 권력이나 혁명적 참주가 마키아벨리의 대안이 아니었다고 하더라도, 민주적 리더십에 대한 논의가 무의미한 것은 아니다.

오히려 민주적 리더십은 그 무엇보다 중요한 주제다. 특히 마키아벨리는 로마공화정과 유사한 귀족과 인민의 대립이 피렌체에서는 전혀 다른 결과로 나타나는 현실을 경험했고, 인민의 폭넓은 정치 참여를 허용했던 로마공화정의 실현을 꿈꾸었지만 무능한 지도자로 인해 정치적 좌절을 맛보았다. 이런 맥락에서, 혁명에 대한 마키아벨리의 침묵은 혁명적 참주와 제왕적 리더십과는 다른 형태의 리더십을 찾아낼 수 있는 하나의 열쇠다.

특히 그라쿠스 형제에 대한 마키아벨리의 평가는 그의 침묵과 직접적인 연관성이 있다. 마키아벨리는 토지법을 부활시켜 인민과 귀족의 갈등을 증폭시킨 그라쿠스 형제들이 무질서의 시발점이었다는 것은 인정했지만, 그들이 목도한 로마공화정의 문제는 어떤 특단의 조치가 없이는 해결될 수 없었다는 이유에서 그들의 의도를 옹호하는 데에는 주저함이 없었다.[92] 당시 인문주의자들이 그라쿠스 형제의 의도를 지나친 욕심으로 몰아갔던 것에 비한다면 매우 관대한 평가다. 그리고 그라쿠스 형제에 대한 부정적인 평가가 그들이 보다 많은 인민들에게 정치 참여의 기회를 주기 위해 시행한 시민권의 확대에서 비롯된다는 점에서 비추어 본다면, 마키아벨리는 인문주의자들의 논쟁에는 큰 흥미를 느끼지 못했던 것 같다.

마키아벨리의 관심은 '시민적 방식과 관습(ogni modo e costume civile)'을 무시하면서까지 '잘못 생각한 정책(partito male considerato)'을 추진했던 그라쿠스 형제의 신중하지 못했던 처사에 집중되어 있다.[93] 보다 직접적으로 표현하면, 참주의 출현을 두려워해야 할 공화정의 인민의 대변인들이 참주가 권력을 획득하는 방법을 통해 문제를 해결하고자 함으로써 인민과 귀족들 모두가 무력을 통해 문제를 해결하도록 만들었다는 것이다.

반면 I권 47장의 파쿠비우스는 피렌체에 필요한 리더십의 전형으로 제시된다. 여기에서 마키아벨리는 파쿠비우스가 기만을 통해 인민의 지지를 받고, 이러한 인민의 지지를 바탕으로 권력을 장악한 것에 대해서는 침묵한다. 만약 마키아벨리가 리비우스의 『로마사(Ab Urbe Condita)』에 전적으로 의지했다면, 10인 위원회의 아피아누스와 유사한 영민하고 악한 사람으로 기술했을 것이다.[94] 그러나 마키아벨리에게 파쿠비우스는 전체적인 조망이 가능했던 탁월한 지도자였다. 즉 파쿠비우스는 안으로는 혁명의 기운이 만연하고 밖으로는 한니발의 위협에 빠진 카푸아의 위기를 감지했던 신중한 지도자였고, 귀족과 인민들을 화해시킨 대중 정치인이었던 것이다. 자신이 인민의 분노가 가져올 위험과 인민의 자유가 가져올 영광을 제시함으로써 유력 가문의 자제들에게 인민들이 새로운 시대의 주역이라는 점을 설득했듯이, 파쿠비우스는 귀족들에게는 닥쳐올 혁명의 위험을 인지시켜 동의를 얻어내고 인민들에게는 귀족들과 함께 살아갈 수밖에 없는 현실을 받아들이도록 유도했다는 점을 강조한 것이다.

마키아벨리의 민주적 리더십에 대한 서술을 종합하면, 갈등을 통한 협력은 갈등을 통해 새로운 제도적 장치를 창출할 수 있는 능력을 가진 신중한 리더십이 무엇보다 중요하다. 갈등을 지나치게 법적 테두리 안에 묶어 두는 것은 곧 갈등을 부정하거나 갈등을 통한 변화를 수용할 수 없는 정치체제의 고착화를 가져올 수 있다. 그러기에 마키아벨리는 '갈등을 통한 제도화'를 원했고, 이를 위해 시민적 자유만큼이나 신중한 리더십에 방점을 찍었다. 왜냐하면, 인민의 적극적인 정치 참여에 의지할수록, 그리고 인민의 정치적 요구를 적극적으로 수용하는 체제일수록, 인민의 의지에 의해 창출된 통치와 인민의 새로운 형태의 통치에 대한 요구가 대립하는 경우가 잦아질 수밖에 없기 때문이다.

'모든 것이 끝나기 전'

선생으로서 마키아벨리는 한편으로는 즐겁고 한편으로는 처절해 보인다. 마키아벨리의 미소가 전자라면, 마키아벨리의 침묵은 아마도 후자에 가깝다. 침묵은 심약한 군주에게 용맹을 가르치는 일보다도 더 많은 지혜가 요구되는 것이었고, 혈기와 야망으로 무장한 그의 제자들은 선생이 침묵을 통해 말하고자 했던 바를 깨닫지 못했을 것이다.

어쩌면 마키아벨리의 침묵은 오늘을 사는 우리에게 더 필요한 것일지도 모른다. 메디치 가문의 축출 이후에 닥친 위기 상황에서 당황하던 피렌체와 우리의 일상이 닮아 가고 있기 때문이다. 불확실한 미래에 당면한 개개인들이 불안을 해소하기 위해 노력하다가 위험만 더욱 가중시키는 사회, 시민들이 일상에서 느끼는 불안을 무시하고 자신들의 이념적 도덕률만을 고집하며 회랑과 광장에서 무엇이든 할 수 있다고 선전하는 대중 정치인, 이러한 환경 속에서 무능력하고 비효율적이라고 낙인 찍힌 민주주의, 이 모든 것들이 그 시대를 살아가던 마키아벨리를 침묵하게 만든 이유와 닮아 있는 것이다.

마키아벨리는 이러한 시대를 '야망이 부른 방종(una certa licenza ambiziosa)'의 시대라고 부른다. 그리고 이런 혼란의 시대에 마키아벨리는 침묵을 수사의 방식으로 선택했다. 왜냐하면, 이런 시대에는 인민을 위한다는 명목으로 인민의 지지를 받다가 인민의 자유를 빼앗아갈 참주의 출현이 잦다는 사실을 기억했기 때문이고, 혼란이 키워낼 악(male), 곧 로마공화정의 시저와 피렌체의 코시모 메디치와 같은 참주를 열망하는 제자들을 보았기 때문이다.

이러한 환경 속에서 문제마다 즉흥적으로 형성되는 연대로 민주주의의 새로운 형태를 꿈꾸거나, 선택된 위험의 관리만으로 정치를 이해하거나, 아니면 실용이라는 이름으로 변화에 적응하는 것만이 정치적 성취를 판단하는 기준이라고 선전하는 것은 신중하지 못한 처사다. 민주주의를 통한 불확실성의 해소가 불가능하다고 느껴질 때, 오히려 바람직한 민주주의의 모델에 대한 질문들이 필요하고, 당면한 정치사회적 위험을 공유할 수 있는 민주적 시민성을 배양할 방법을 논의해야 하며, 갈등을 조정할 수 있는 민주적 리더십의 내용을 토론해야 한다. '모든 것이 끝나기 전(ante res perditas)', 침묵으로 민주적 리더십을 가르쳤던 마키아벨리의 지혜가 필요한 시대에 우리가 살고 있는 것이다.

3부
마키아벨리의
도전

이곳엔 나의 공직 생활을 기억하는 사람도, 내가 어떤 일에든 쓰임이 있으리라 믿는 사람도 없습니다. 나는 이런 것들을 그리 오래 견딜 수는 없을 것입니다. 왜냐하면 나는 녹슬어 가고, 만약 하나님이 더욱 따뜻한 얼굴로 대해 주시지 않는다면, 언젠가 집을 떠나 가정교사나 고관의 비서가 될 수밖에 없을 것이기 때문입니다. 아니면 어느 외딴 곳에 처박혀 아이들에게 책 읽기라도 가르치고, 이곳에 버려둔 가족들은 내가 죽었으려니 하겠지요.

　　　　—「마키아벨리가 베토리에게 보낸 편지」, 1514년 6월 10일

　　그러나 날 믿게나. 우린 모두 운명(fatis)에 인도되네. 지난 며칠 동안 폰타노(Giovanni Pontano)의 『운명에 대하여(De Fortuna)』를 읽었다네. 이 책에서 그는 재능도, 통찰력도, 불굴의 용기도, 그 어떤 덕성들도, 운명의 여신이 [도와주지 않는다면] 아무 소용이 없다는 것을 명백하

게 보여 주었네. 우리는 로마에서 매일같이 그 증거를 본다네. 왜냐하면 비천한 태생에, 배우지 못하고, 재능도 없는 어떤 사람이, 그럼에도 불구하고 드높은 권위를 가진 자리에 앉아 있다는 것을 알기 때문이네. 어쨌든 받아들여야 하네. 특히 악이란 모르고, 그보다도 더 못한 것들을 견뎌낸 자네는 말일세. 물론 하나님이 이런 것들을 끝장내실 것일세.

　　　　　　　 —「베토리가 마키아벨리에게 보낸 편지」, 1514년 12월 15일

　　그래서 내가 앞서 말했듯이 그의 국가를 유지하기를 원하는 군주는 종종 어쩔 수 없이 선하지 않도록 강요받는다. 왜냐하면 당신이 판단하기에 스스로를 유지하는 데 필요한 집단이 부패했을 때, 그것이 인민이든 군인이든 귀족이든 간에, 당신은 그들의 경향을 따라 그들을 만족시켜야 하고, 그때 선한 행동은 당신의 적이다.

　　　　　　　　　　　　　　　　　　　 —『군주』, 19장 (37)-(38)

　　어떻게 고대 인민들이 오늘날 인민들보다 더 자유를 사랑하게 되었는지 생각하니, 나는 현재 사람들을 덜 강하게 만드는 동일한 원인으로부터 비롯되었다고 믿는다. 내가 믿고 있는 바, 우리의 종교와 고대의 것의 차이에 기초한 우리 교육(educazione)과 고대의 것의 차이에서 비롯되었다. 왜냐하면 우리의 종교는 진리와 진정한 길을 보여 주면서 우리가 세상의 명예를 덜 숭앙하도록 하는 반면, 비유대인들은 그것을 매우 존경하고 최상의 선(il sommo bene)으로 간주했기에 그들은

행동에 있어 더욱 호전적이었다.

—『강의』, 2권 2장 (26)-(27)

앞서 언급했듯이, 마키아벨리는 당시의 지배적인 생각들을 자기의 것으로 대체하고자 한다. 그가 대체하고자 했던 지배적 사고는 크게 두 가지다. 하나는 소크라테스 이래 지속된 '좋은 삶'에 대한 철학적 충고이고, 다른 하나는 시민들의 의식을 지배하고 있던 로마 교회의 종교적 지침이다. 사실상 전자는 인문주의 전통에 서 있던 지식인들의 담론을 지배했고, 후자는 무력한 듯 보였지만 여전히 시민들의 일상 속에서 맹위를 떨치고 있었다. 그리고 이 두 가지는 '도덕'이라는 이름으로 정치적 삶을 규정했다. 철학적 담론은 현상 유지를 위한 귀족의 정치적 수사로 변질되었고, 종교적 훈육은 로마 교회의 존속을 위한 수단으로 타락했다.

종종 마키아벨리에게 남겨진 '신앙'의 흔적들이 그의 정치사상이 갖는 반(反)기독교적 특징들을 상쇄하는 모습을 보게 된다. 사실 마키아벨리가 남긴 몇몇 편지들은 그도 '신'의 은총을 기다렸던 가련한 인간임을 보여 준다. 절망 속에 '신'의 간절한 도움을 바라는 한 사람으로, 그도 '신(Dio)'과 '운명의 여신(Fortuna)'에게 의지한다. 그리고 그를 도울 수 없었던 친구들도, 베토리처럼 '운명(fato)' 또는 '운(sorte)'을 탓하며 위로한다.

그러나 마키아벨리가 조반바티스타 소데리니(Giovanbattista Soderini)에게 바친 「운명에 대하여(Capitolo di fortuna)」는 1512년 이후 그가 겪은 어려움을 결코 대변할 수 없을지도 모른다. 물론 변덕스럽고, 잔인하며, 폭력적인 여신이 어떻게 한 인간의 삶을 송두리째 바꾸어 버릴 수 있는지, 그리고 이 여신이 주관하는 운명의 수레바퀴에서 자기가 원하는 바를 이루기 위해 발버둥치는 인간에 대해서, 마키아벨리는 『군주』와 『강의』에서 비슷한 이야기를 한다.[95] 그러나 마키아벨리가 공직에서 쫓겨난 후에 겪은 고초를 공직 생활 중에 겪은 장애와 똑같이 묘사할 수 있었을지는 미지수다. 운명에 대한 기대와 체념의 복잡한 시적 결합이나 삼행시의 익살과 감흥으로 자기와 운명의 관계를 표현할 수 없었으리라 짐작되는 것이다.

그러기에 마키아벨리는 정치적 행동을 요구하는 수사적 전략에서, '신'도 '운명의 여신'도 초월적이거나 영원한 힘의 실체로 등장시키지 않는다. '높은 자리(su la cima)'에 앉아 있지만, 그리고 인간의 길흉을 좌지우지할 수 있는 듯 보이지만, 전지전능한 신적 존재로 인간을 짓누르지 못한다. 불확실하고 예측할 수 없기에 무척 고통스러운 상황을 유발하지만, 부지런하게 기회를 노리면 언젠가 상황을 반전시킬 수 있다. 그리고 젊은이의 패기를 갖고 전력을 다하면 운명을 바꿀 수도 있다. 게다가 시류에 따라 바꿀 수 없는 것이 인간의 본성이라면, 오히려 예측할 수 없는 운명에 기대기보다 용감하게 맞서라고 권한다.

의심할 바 없이, 군주들은 그들에게 주어진 어려움과 그들이 직면한 반대를 극복할 때 위대해진다. 그렇기에, 운명의 여신은 특별히

새로운 군주를 위대하게 만들고 싶을 때(왜냐하면 그는 세습 군주보다 평
판을 획득해야 할 더 큰 필요가 있기 때문에), 적들을 일으키고 그에게 맞서
과업을 추진하도록 한다. 그 결과 그는 그것들을 극복해서 그의 적들
이 가져온 사다리에서 더 높은 곳에 오를 이유를 갖게 된다.

—『군주』, 20장 (15)

특히 『군주』는 즉각적인 정치적 행동을 유발하기 위해 '운명'
에 대한 도발을 적극적으로 유도한다. 그리고 이런 수사적 기법은
『강의』에서 '신중함(prudenza)'의 틀을 가지고 재연된다.

누구든지 현재와 과거의 것들을 숙고해 본 사람이라면 모든 도시
들과 모든 사람들에게 동일한 열망들(desideri)과 동일한 경향들(omori)
이 있다는 것, 그리고 항상 그러했다는 것을 쉽게 알 것이다. 그래서
누구든 과거의 것들을 면밀하게 검토한 사람에게는 모든 공화정에서
의 미래의 일들을 예측하고 과거에 사용된 처방들을 취하기가 쉬운
일일 것이다. 만약 사용된 바 없는 것이라고 할지라도, 사건의 유사성
으로부터 새로운 것을 생각해 내기가 쉬울 것이다.

—『강의』, I권, 39장 (2)-(3)

마키아벨리는 결코 모든 현상을 예측 가능하다고 믿지 않았다.
그리고 그에게는 과학이라는 이름으로 드러낼 지식은 없다. 그 대
신 '예측이 불가능한 운명도 극복할 수 있다.'는 신념을 전달해야

한다는 절박한 심정이 있을 뿐이다. 그렇지 않다면, 이탈리아의 해방도, 자기가 겪고 있는 고난으로부터의 탈출도 가능하지 않았기 때문이다.

이러한 맥락에서, 마키아벨리가 제시하는 정치철학은 운명 (Fortuna), 능력(Virtù), 그리고 필연성(Necessità)의 상관관계로 단순화할 수 없다. 그리고 그가 갖고 있던 형이상학적 인식론은 점성학적 규칙이나 심리학적 관찰로 대체되지 않는다. 왜냐하면 그에게 운명은 능력만큼이나 신중함(prudenzia)을 필요로 하고, 이러한 신중함은 시류(tempi)에 순응하기보다 상황마저도 스스로가 원하는 방향으로 구성할 수 있는 대담함(audacia)을 요구하기 때문이다. 그러기에 그는 『군주』에서 지금이 모세가 노예 상태에 허덕이던 이스라엘 사람들에게 필요했던 시기라고 말한다. 그리고 『강의』에서 그는 모두가 '필연성'에 강제될 수 있도록 '법'을 제정할 수 있고, 인민들에게 '필연성'을 납득시킬 수 있는 지도자를 요구한다. 운명, 능력, 그리고 필연성의 절묘한 조합에 대한 전통적인 이해는 최소한 수정이 불가피했던 것이다.

7장
포르투나와 비르투

세상적인 일들이 운명의 여신(fortuna)과 신(Dio)에 의해 주관되기에 인간들은 그들의 신중함으로 그것들을 바로잡을 수 없고, 사실상 개선책이 전혀 없다는 의견들을 많은 사람들이 가져왔고, 갖고 있다는 것을 나는 안다. 그리고 이러한 생각에서 그들은 세상적인 일들을 위해 많은 땀 흘릴 필요가 없고, 운명(sorte)이 자기를 좌우하도록 내버려 두자고 판단할 수도 있을 것이다.

—『군주』, 25장 (I)

신은 우리로부터 자유의지와 우리 몫의 영광을 앗아가지 않기 위해 스스로가 모든 것을 하길 원하지 않는다.

—『군주』, 26장 (I3)

나는 이것을 사실상 이렇게 판단한다. 맹렬한 것이 조심스러운 것보다 낫다는 것이다. 왜냐하면 운명의 신은 여자이기(la fortuna è donna) 때문이다. 그리고 만약 그녀를 제압하기를 원한다면, 그녀를 때려 눕혀야 할 필요가 있다. 그리고 그녀는 냉정하게 처리하는 사람들보다 맹렬한 사람들에게 더 자기 스스로를 지도록 내버려 두는 것을 보게 된다. 그리고 항상 그러하듯이, 여자처럼, 그녀는 젊은이들의 친구다. 왜냐하면 젊은이들은 덜 공손하고, 더 격렬하고, 그리고 그녀를 더 대담하게 다루기 때문이다.

—『군주』, 25장 (26)-(27)

'운칠기삼'과 '시대정신'

'운칠기삼(運七技三)'과 '시대정신(Zeitgeist)'이라는 단어가 있다. 전자는 중국 청나라 포송령(蒲松齡)이라는 사람의 『요재지이(聊齋志異)』라는 책에 담긴 이야기에 나온 말로, 인간사 성공과 실패에는 운이 7할을 좌우하고 노력이 3할을 차지한다는 말이다. 그리고 후자는 헤겔이 『역사철학강의(Vorlesungen über die Philosophie der Weltgeschichte)』에서 언급했듯이, 특정 시대에 살고 있는 사람들에게는 늘 보편적으로 갈망하는 어떤 정신적인 지향이 있다는 말이다.[96] 얼핏 보면 두 말은 다른 것 같지만, 마키아벨리의 시각에서 보면 똑같은 정치적 태도의 다른 표현일 뿐이다.

바로 운명론, 또는 결정론적 시각이 두 단어에 담겨 있다는 것이다. '운이 7할'이라는 말을 미래는 불확실하니 열심을 다해야 한다는 충고로 이해할 수도 있겠다. 그러나 모든 것이 '하늘의 뜻에 달렸다.'는 운명론의 틀을 벗어날 수는 없다. 또한 '시대정신'이라는 말이 시대적 요구를 담아 새로운 변화를 도모해야 한다는 웅변으로 들릴 수도 있겠다. 그러나 미네르바의 올빼미가 노을이 질 무렵에야 날갯짓을 시작하듯, 인간의 지혜는 특정 집단의 시대적 요청을 먼저 깨달을 수 없다는 결정론적 시각이 내재되어 있음을 부정할 수 없다.

마키아벨리에게서도 이런 모습을 찾는 사람들이 있다. 『로마인 이야기』로 우리에게 익숙한 시오노 나나미도 그중 한 사람이다. 그녀는 마키아벨리가 말하는 '필연성(necessità)'을 '시대정신'으로 이해한다.[97] 초인간적 '운명'과 인간의 '능력'이 맞닥뜨리는 지점, 상황과 인물이 맞아떨어진 순간, 그리고 기회의 포착으로 해석한 것이다. 참으로 매력적인 시도지만, 좀 더 면밀한 검토가 필요하다. 과연 그토록 절박했던 마키아벨리가 적극적으로 상황을 만드는 사람보다 소극적으로 기회를 기다리는 사람을 요구했을까 하는 의구심이 들기 때문이다.

물론 마키아벨리가 불확실성을 제거하기 위해 '공포'와 '힘'에 의존하는 정치철학을 주창했다고 단언하는 것보다는 훨씬 낫다. 그러나 이런 해석을 통해서는 '불확실성을 인정하는 것이 정치의 시작'이라는 전제도, '불확실성 속에서 가능한 최선을 만들어 내는 것이 정치의 본질'이라는 조언도 제대로 읽을 수가 없다. 만약 마키아벨리가 말하는 필연성이 그런 의미의 '시대정신'이었다면, 그는 흔해빠진 르네상스 지식인들 중 한 사람에 불과했을 것이다. 진정 그러했다면, 그는 당시 지식인들의 운명론적 넋두리를 결코 극복하지 못했을 것이다.

운명의 장난

마키아벨리의 삶은 역설 그 자체다. 그와 메디치 가문의 관계를 살펴보면 더욱 그렇다. 그가 태어난 1469년은 메디치 가문의 전성기를 가져온 위대한 로렌초(Lorenzo il Magnifico)가 권력을 잡은 해이고, 그가 죽은 1527년은 1512년에 복귀했던 메디치 가문이 피렌체의 정치 공간으로부터 다시 축출된 해다. 그가 정치 일선에 나서게 된 계기도 메디치 가문과 가까웠던 사람의 추천 덕분이었고, 그의 실직과 추방도 메디치 가문 때문이었다. 그의 삶과 메디치 가문은 운명적으로 얽혀 있었던 것이다.

마키아벨리의 『군주(De Principatibus)』도 마찬가지다. 마키아벨리가 붙인 최초의 라틴어 제목을 떠올리면 더욱 그렇다. 이 제목을 글자 그대로 옮기면 '군주정에 대하여(Sui Principati)'라고 옮길 수 있을 것이다. 그리고 보다 엄밀하게 말하자면, 초대 로마 황제가 로마공화정의 후계자임을 밝히기 위해 사용한 '원로원 수장(princeps senatus)'이라는 함의를 함께 갖고 있다. 공화정의 부활을 가장 두려워할 메디치 가문의 군주에게, 자기가 꿈꾸는 세상은 로마공화정이라는 점을 숨기지 않고 밝힌 셈이다. 수사학에 정통했던 그가 어떻게 이런 무모할 정도의 솔직함으로 권력자의 신임을 받으려 했는지 의아해지는 대목이다.

마키아벨리의 의도가 우리에게 잘 전달되지 않는 것도 운명의 장난이다. 1532년 안토니오 블라도(Antonio Blado)가 교황 클레멘스 7세의 허가를 받기 위해 제목부터 내용에 이르기까지 대대적인 수정을 가한 후, 최초의 라틴어 제목이 지금의 '군주(Il Principe)'로 바뀌고 만다. 그리고 우리는 일본식 번역을 따라 '론(論)'이라는 글자를 붙였다. 귀치아르디니의 『회상록(Ricordi)』이 『신군주론』이라는 이름으로 출판되는 기이한 현상에서 보듯, 우리는 『군주』로부터 '권력' 또는 '처세' 외에 아무것도 배울 수 없을 것만 같은 선입견을 갖게 된 것이다. 운명이었다면 마키아벨리에게는 너무나 가혹하다.

운명은 여신

마키아벨리는 아마도 이런 운명의 역설을 즐겼을 것이다. 그의 희극들이 보여 주듯, 그는 운명의 장난이나 미래의 불확실성을 담담하게 받아들인다. 그리고 피할 수 없을 것같이 보이는 운명을 극복하는 사람들의 모습을 하나씩 보여 준다. 하잘것없는 농부에 불과한 사람부터, 유부녀를 짝사랑한 젊은이에 이르기까지, 기발한 재치로 난관을 극복하는 사람들의 기지를 교묘하게 그려낸다.

> 그 악마보다도 더 많이 알았던 잔마테오는 행복함에 가득 차서 집으로 돌아갔다.(Gianmatteo, che ne seppe più che il diavolo, se ne ritornò tutto lieto a casa.)
>
> ─「벨파고르」, 244

　여기에서 우리는 인간사를 모두 신의 뜻으로 돌리거나, 모든 것을 아는 듯이 말하는 손쉬운 선택을 찾아볼 수 없다. 그 대신 절대적 존재나 자명한 진리를 가지고 불확실성으로부터 벗어나려는 생각부터 버리라는 조언, 그러기에 결코 포기하지 말고 운명에 맞서라는 충고를 마주하게 된다.

　『군주』 25장에서 마키아벨리는 자기의 생각을 '양비론(utramque partem)'이라는 틀을 통해 일목요연하게 전달한다. 첫 번째로 그는 운명을 '신의 섭리'로 보는 입장을 거론한다. 먼저 그는 기독교의 전지전능한 신을 헬레니즘의 운명의 여신과 같은 수준으로 격하시킨다. 그러고는 운명의 여신을 뜻하는 포르투나(fortuna)가 '행운을 가져오다.'라는 말에서 비롯되었듯이, 운명을 '숙명(sorte)'으로 받아들여서는 안 된다고 충고한다. 동시에 그는 운명론에 사로잡혀 있던 당시 지식인들을 이렇게 비난한다. 당신들은 단지 "많은 땀을 흘릴 필요가 없고 운명(sorte)이 좌우하도록 내버려 두자."는 결정론에 사로잡혀 있다고 말이다.

다음으로 마키아벨리는 비판의 초점을 '자유의지'를 이야기하면서도 상황논리에서 한 발도 더 나아가지 못하는 입장에 맞춘다. 그는 "신은 우리로부터 자유의지와 우리 몫의 영광을 빼앗아가지 않기 위해" 모든 것을 좌우하지 않는다는 말로 포문을 연다. 그리고 제방과 도랑으로 물길을 막거나 돌리듯, 상황을 면밀하게 살펴 잘 대비하면 인간의 노력 여하에 따라 '절반의 성공'을 획득할 수 있다는 이야기를 슬며시 꺼낸다. 그러다가 갑자기 주제를 다시 극단적인 결정론으로 되돌린다. 상황에 맞춰 '본성'과 '자질'을 바꾸는 일은 사실상 불가능하다고 말이다. 그리고 이렇게 되묻는다. 상황에 따른 기회만을 강조한다면, 절반의 가능성에 만족한다면, 시대를 한탄하는 것 외에 도대체 뭘 할 수 있겠냐고 반문하는 것이다.

교황 율리우스 2세는 모든 일을 맹렬하게 수행했고, 그는 그의 일 처리 방식이 시대와 일에 너무나 잘 부합되어 그가 늘 행복한 결과를 [성취할] 운명이라는 것을 알게 되었다.

—『군주』, 25장 (18)

결코 포기해서는 안 된다. 그녀의 목적을 알지 못하고, 그녀는 모호하고 알지 못할 길로 움직이기 때문에, 그들은 항상 소망해야 한다. 소망하면서 어떤 운명에 처해도 어떤 고난에 직면해도 포기하지 말아야 한다.

—『강의』, 2권, 29장 (25)

결국 마키아벨리의 답은 운명에 맞서라는 것이다. '포기하지 말라.'는 정도가 아니라, 무모하리만큼 맹렬하게 운명의 소용돌이를 돌파하라고 권한다. 운명의 여신을 '때려서 눕혀야' 한다는 표현까지 쓴다. 신도 간절한 기도에 화답한다는 중세적 사고도, 운명의 여신은 노력하는 사람을 저버리지 않는다는 당시의 상식도 훨씬 넘어선다. 키케로가 말한 "운명은 강한 자를 돕는다.(fortes fortuna adiuvat.)"라는 절반의 가능성에 머물러 있기보다,[98] 마키아벨리는 신의 섭리를 인간의 의지로 대체할 새로운 대안을 찾고 있었던 것이다. 어쩌면 자기의 운명도 이렇게 극복하고 싶었는지도 모를 일이다.

구성적 리더십

운명에 대해 그토록 적극적인 자세를 주문했기 때문인지, 우리는 종종 마키아벨리가 말한 '대담성'을 '공포' 또는 '힘'의 정치로 단순화하려는 유혹에 사로잡힌다. 그가 여우의 영민함보다 사자의 용맹스러움을 더 부각시킨 것은 맞다. 그리고 부패한 공화정의 개혁이나 새로운 정치체제의 설립에 절대적 권력의 행사가 필요하다고 말한 것도 사실이다. 그러나 이것이 그가 꿈꾸던 정치가 '힘'과 '공포'에만 의존한 것이었다는 해석의 근거를 제공하는 것은 아니다. 왜냐하면 그는 이런 예외적 방식이 일상적 정치의 내용이 되어야 한다고 말한 적이 없기 때문이다.

마키아벨리가 정치를 '힘'과 '공포'로 정의하려 했다면, "불확실성을 인정하는 것이 정치의 시작"이라는 전제를 내세우지도 않았을 것이다. 특히 리더십의 핵심을 자유로운 시민과 정치 지도자의 관계에서 찾을 때, 그가 '탁월함' 또는 '능력'의 다른 표현으로 사용하는 '비르투(virtù)'라는 단어는 '남성다움'이나 '사자의 용맹'만으로는 충분히 설명되지 않는다. 기만과 술수까지 용납되는 여우의 교활함을 더하더라도 여전히 부족하다. 왜냐하면, 그는 '시민' 또는 '신민'과 함께 시대적 상황을 구성해 가는 지도자의 능력을 요구하고 있기 때문이다.

그러기에 마키아벨리는 어떤 품성을 가진 지도자가 이상적인 지도자인지 말하지 않는다. 어떤 상황에 어떤 지도자가 적합한지도 설명하지 않는다. 그 대신 그는 미래의 지도자에게는 시민 또는 신민이 바로 운명의 여신이라고 말한다. 시민들이 완전히 부패했다면, 절대적인 권력을 사용하라고 충고한다. 그러나 '시민적 자유'가 보장된 사회라면, 아니 '시민적 자유'가 보장되는 사회를 건설하려 한다면, 시민들에게 힘과 권력에 복종하는 습관보다 힘과 권력을 견제할 수 있는 능력을 먼저 보장해 주라고 주문한다. 그리고 이러한 필요를 알고, 이러한 필요를 실현시키고자 노력하는 것이 '비르투'라고 강조한다.

이런 맥락에서 볼 때, 마키아벨리의 『군주』 19장은 새로운 시대정신을 제시하고 있다. 신민에게 자유를 주고, 신민을 무장시키고, 귀족이나 군인보다 신민에게 더 의지해야 할 시대가 왔다고 설득하는 것이다. 그리고 폭력과 공포에 대한 화려한 수사 뒤에, '시민'과 함께 상황을 만들어 가는 지도자의 모습을 그려낸다. 아마도 이것이 그가 자기의 생각을 공허한 '진리'가 아니라 '효과적 진리(verità effetuale)'라고 말한 이유일 것이다. 바로 이것이 그가 당시 지식인들을 '우리 시대의 현인들(savi de' nostri tempi)'이라고 비난한 이유일 것이다.

8장
미덕과 악덕

내가 돌아다니며 젊은이든 늙은이든 당신들을 설득하려 한 것은, 당신의 첫 번째 주된 관심을 당신의 육체나 당신의 소유가 아니라 당신의 영혼이 최상의 상태에 이르도록 하라는 것이었습니다. "부는 덕을 가져오지 못하지만, 덕은 사적으로나 공적으로나 다른 모든 좋은 것을 가져온다."고 말하면서 말입니다.

— 『변론』, 30b

그럼에도 불구하고 우리가 말했듯이 행복에는 명백하게 외적인 좋음 또한 더해질 필요가 있다. 왜냐하면 만약 우리가 적절한 자원이 없다면 고귀한 행동들을 할 수도, 아니 쉽게 할 수가 없기 때문이다.

— 아리스토텔레스, 『니코마코스 윤리학』, I099a 32-33

그러나 인간적 조건이 허용되지 않아 좋은 평판을 가져오는 자질들을 가질 수 없거나 진정 그것들을 준수할 수 없다면, 어떻게 그로부터 그의 국가를 빼앗아 갈 악덕들(vizi)이 초래하는 불명예를 피하고, 가능하다면 국가를 앗아가지는 않을 악덕들로부터도 스스로를 보호할 수 있는지를 신중하게 파악할 필요가 있다. 그러나 만약 그렇게 할 수 없다면, 크게 주저하지 말고 그냥 그렇게 되도록 놓아두어야 한다. 더욱이 악덕들 없이는 국가를 구하기가 어렵다면, 불명예가 초래되는 것을 상관해서는 결코 안 될 것이다.

—『군주』, 15장 15 (11)

전통에 대한 도전

어떤 이는 베푸는 사람으로, 어떤 이는 탐욕스러운 사람으로 간주된다; 어떤 이는 잔인한 것으로, 어떤 이는 자애로운 것으로; 하나는 신의를 저버린 것으로, 다른 하나는 신의 있는 것으로; 하나는 여자 같이 겁 많고, 다른 하나는 사납고 기백이 넘치고; 하나는 인정 있고, 다른 하나는 오만하고; 하나는 음탕하고, 다른 하나는 순결하고; 하나는 솔직하고, 다른 하나는 약삭빠르고; 하나는 딱딱하고, 다른 하나는 쉽고; 하나는 의젓하고, 다른 하나는 가볍고; 하나는 종교적이고, 다른 하나는 불신앙적인 것과 그와 같은 것이다.

—『군주』, 15장 (8)-(9)

마키아벨리는『군주』15장에서 '미덕(virtà)'과 '악덕(vizio)'을 구
분하고 있다. 아리스토텔레스의 분류를 응용한 것 같은 느낌도 들
고, 언뜻 보면 매우 난삽하고 정리되지 않은 목록일 뿐이다. 그러나
『군주』16장부터 전개되는 군주의 '자질'에 대한 설명을 보다 보면,
이렇듯 뒤죽박죽으로 나열된 목록이 새로운 의미로 다가온다. 아리
스토텔레스의 분류를 혼돈한 것도 아니고, 대충 써 내려간 것도 아
니라는 사실을 알게 되는 것이다. 아울러 마키아벨리가 이 목록을
구체적인 목적을 갖고 기술했고, 오랜 시간 고민한 끝에 체계적으
로 배열했으며, 서술하면서도 거듭 수정한 하나의 노작이라는 확신
이 생기는 것이다.

앞서 언급했듯이, 마키아벨리에게도 '도덕적' 판단의 근거가
있다. 바로 '정치 공동체의 존속'이다. 종종『군주』에서는 '국가를
유지해야(mantenere lo stato)' 한다는 말로,『강론』에서는 '보편적 안
전(la sicurtà universale)'이라는 표현으로 등장하지만, 주체가 '군주'에
서 '시민'으로 전환되었을 뿐, 내용은 하나같이 '정치 공동체의 존
속'이다.

이때 '정치 공동체의 존속'은 두 가지 의미를 갖고 있다. 하나는
무엇보다 '시민적 자유'가 필요하다는 것이다.『군주』에서도 '자유
로운 삶(vivere libero)'에 대한 찬사를 읽을 수 있듯이, 마키아벨리는
'시민적 자유'를 '공동체 존속'의 필수적인 조건으로 간주하는 '공
화주의'의 이상을 공유했다. 다른 하나는 마키아벨리가 당시로서는
매우 새로운 '공화주의'의 이상을 가졌다는 것이다. 당시 인문주의

자들도 '진정한 철학'이 '공동체의 존속'과 무관하지 않다고 믿었다. 그러나 이들이 동경하던 조화와 자치의 베네치아는 마키아벨리가 꿈꾸던 공화정과는 거리가 멀었다. 그가 그렸던 공화정은 갈등을 통해 자유를 지키고 제국으로 팽창한 로마였다.

아마도 당시 지식인들은 '정치 공동체의 존속'을 '정치'뿐만 아니라 '도덕'의 잣대로 사용하는 것이 더 불편했을 것이다. 시민적 자유를 누구보다 중시했던 살루타티(Coluccio Salutati)도 철학적 관조가 이끄는 '좋은 삶'으로부터 동떨어진 '좋은 정치'가 있을 수 없다고 믿었고, 피렌체의 군사적 무장을 그토록 설파했던 브루니(Leonardo Bruni)도 '철학적 탐구'와 '정치적 헌신'이 결코 분리될 수 없다는 정치관을 고수했던 터다. 안팎으로 국가의 존속이 최대의 관심사였지만, 아리스토텔레스와 키케로의 영향을 강하게 받고 있던 지식인들에게 '사는 것(eu zen)'을 '사는 것(zen)'으로 대체하려는 마키아벨리의 주장을 받아들이기란 쉽지 않았을 것이다. 그럼에도 불구하고, 마키아벨리는 '자유로운 삶'이 곧 '좋은 삶'이라는 것을 설득하려고 지속적으로 노력한다. 왜냐하면 그에게 둘의 관계는 철학적 문제가 아니라 '정치 공동체의 존속'과 관련된 정치가의 숙제였기 때문이다.

'악덕'의 역설

이런 맥락에서 볼 때, 『군주』 15장은 당시 지식인들에 대한 도전이고, 궁극적으로는 스스로가 갖고 있는 판단 근거의 우월함을 설득하기 위한 논증이다. 그러기에 마키아벨리는 아리스토텔레스의 『니코마코스 윤리학』 4권에서 제시된 덕목들을 매우 의도적으로 왜곡한다. 아리스토텔레스가 두 가지 극단 사이에서 '중용 (mesotes)'을 취하는 것을 탁월한 미덕이라고 했음에도 불구하고, 마키아벨리는 아리스토텔레스의 '탁월함(arete)'과 관련된 미덕들을 하나의 극단처럼 보이도록 배열한다. 예를 들면, 아리스토텔레스가 '낭비'와 '인색'의 두 극단 사이의 중간을 취하는 '자유인다움 (eleutheriotes)' 또는 '후함(eleutherios)'을 탁월한 품성으로 제시한다면, 마키아벨리는 '낭비'와 '인색'이 아니라 '후한(liberale)' 것과 '인색한 (misero)' 것을 극단으로 제시하면서 결과적으로는 어떤 것이 '악덕' 인지 모르는 상황이 초래될 수도 있다는 주장을 전개하는 것이다.

그러므로 그의 신민들을 수탈하지 않아도 되도록, 그 스스로를 방어할 수 있도록, 가난해서 경멸받지 않게 되도록, 어쩔 수 없이 탐욕스럽게 되지 않도록, 군주는 인색하다는 평판이 초래되는 것을 개의치 말아야 할 것이다. 왜냐하면 이것이 그가 다스릴 수 있도록 해 주는 악덕들 중의 하나이기 때문이다.

—『군주』, 16장 (II)

이런 식의 논증은 한편으로는 아리스토텔레스를 따르는 지식인들의 생각을 일반인들의 '상식' 정도로 낮추려는 의도를 갖고 있고, 다른 한편으로는 당시 사람들이 믿고 있는 '미덕'이 정치적으로는 '악덕'을 초래할 수 있다는 점을 설득하려는 목적을 갖고 있다. 그래서인지 그가 제시하는 열 개의 미덕과 악덕의 짝은 '후함'을 제외하고는 아리스토텔레스의 목록과 무관하게 구성된다. '포부가 큰 것'은 '인간미가 있는 것'으로 교체되어 '오만'과 짝을 이루고, '꾸밈 없음'은 '솔직함'으로 표현되었지만 '허풍'도 '비굴함'도 아닌 '약삭빠름'과 짝을 이룬다. '쉬운' 성격은 '온화함'과 유사한 것으로 이해될 수도 있겠지만, '딱딱하다'는 표현은 분노와 관련되기보다 인간관계와 관련된 느낌을 지울 수 없다. 게다가 아리스토텔레스에게는 그 자체로 나쁜 것들, '잔인함'과 '음탕함'이 미덕과 짝이 되어 그 결과에 따라 다르게 판단될 여지가 있는 것으로 격상된다. 한마디로 마키아벨리는 아리스토텔레스의 탁월함을 '그렇게 보이는 것' 또는 '사람들이 그렇게 믿는 것' 정도로 격하시킨 것이다.

마키아벨리가 아리스토텔레스의 덕목들을 해체시키려는 목적은 물론 '정치 공동체의 존속'이 미덕과 악덕을 구분하는 판단의 기준임을 부각시키기 위함이었다. 문제는 그가 아리스토텔레스를 따르는 인문주의자들과 구별된 인식론적 체계를 갖고 있었다는 것이다. 그 차이가 극명하게 보이는 부분이 『군주』 16장이다. 아리스토텔레스를 따르는 지식인들에게 '인색함'은 비난을 감수하면서까지 '탐욕스러움'을 만족시키려는 사람들의 특성이라면, 마키아벨리에게 '인색함'은 '후하다'는 평판을 유지하려다 오히려 '탐욕스럽다'는 비난을 받게 되는 세간의 평가일 뿐이다. 전자에게 '나쁘게 비치는(phainesthai)' 것은 '본질적인 것' 또는 '고귀한 것'에 대한 열망이 인간적인 탐욕을 절제하지 못해 나타나는 결과라면, 후자에게 '인색하게 여겨지는' 것은 '정치 공동체의 존속'이라는 결과를 대중들에게 보여 주지 못해 발생하는 정치적 위기일 뿐이다.

이런 잣대에서 마키아벨리는 군주가 '후하다'는 평판을 얻기 위해 국고를 낭비해서는 안 된다고 충고한다. 이미 『군주』 10장에서 작은 군주정이라 할지라도 "포위를 당해도 최소한 1년은 버틸 수 있는 물자"를 확보해야 한다고 말해서인지, 구체적 설명도 없이 "후하다는 평판을 유지하려면, 인민들에게 과도한 부담을 지우고, 혹독한 세금을 부과하고, 돈을 얻기 위한 것이라면 모든 것들을 해야 할 필요"에 봉착할 것이라고 단언한다. 그리고 마키아벨리는 이렇게 덧붙인다. '미덕'이라고 여겨지는 것을 따르다가 이후 고치려고 할 때, 군주가 얻을 것이라고는 '인색함이라는 불명예'뿐이라고 말이다. 이때 '인색함'은 '탐욕스러움'보다는 나을 수 있다. 왜냐하면 '인색함'은 최초부터 적용된다면 '다수'를 자기 편으로 만들 수 있는 '악덕들(vizi)' 중 하나지만, '탐욕스러움'은 지배를 받지 않으려는 '다수'와 적대적인 관계를 형성하기에 반드시 군주가 피해야 할 악덕이다. 이러한 판단의 근거도 역시 '다수'의 지지를 잃으면 '정치 공동체의 존속'이 불가능하다는 것 하나뿐이다.

'사자'와 '여우'

『군주』 17장에서는 6장 이후 처음으로 '새로운 군주'에 대한 이 야기가 나온다. 그리고 '잔인함'이 당시 기독교 윤리의 기초인 '온 정(caritas)'과 짝을 이루어 새로운 군주가 반드시 알아야 할 악덕으로 소개된다. 8장에서 이미 '잘 사용된 잔인함(crudeultà bene usate)'에 대한 이야기가 있었지만, 로마 교회가 과시하던 '경건(pietà)'에 대한 직접적인 도전과 함께 기독교 사회의 '사랑(agape)'을 대체할 '공 포(timore)'의 유용성까지 보다 체계적인 논증이 전개되는 것이다. 당시 부패가 일상이 되어 버린 로마 교회의 족적을 살펴보면, '잔인 함'이라는 주제는 그리 낯을 붉힐 이야기도 아니었을 수 있다. 그러 나 다수에게 윤리를 가르치는 사제들의 설득 체계를 하나씩 공격할 때마다, 분열을 일으킨 '소수'에게는 잔인하고 지배받지 않으려는 '다수'는 만족시키라는 당부를 할 때마다, '사랑'이 아니라 '공포'가 분열된 도시를 봉합할 것이라는 충고 속에 담긴 '반(反)기독교'적 입장을 적나라하게 읽을 수 있다.

그러기에 『군주』 18장은 마키아벨리에게서 '자연'이나 '신'에 대한 최소한의 신뢰를 찾고자 하는 사람들에게 큰 실망을 안겨 준 다. 왜냐하면 바로 여기에서 마키아벨리는 키케로를 따르는 사람들 이 모든 법의 원천이라고 믿고 있던 '신'과 '자연'까지 현실이란 명 목에서 거부하기 때문이다. 주지하다시피 키케로에게 '신의(fides)' 는 매우 중요한 덕목 중 하나다. 키케로가 『의무론』에서 밝히듯,

'신의'는 한편으로는 '정의의 기초'이고 다른 한편으로는 참된 정의를 실현하려는 사람만이 얻을 수 있는 '타인들의 호의'다. 따라서 '신의'는 진정한 '영광'의 조건이자, 도덕적으로 악한 것에 유익함이란 없다는 것을 가르쳐 주는 잣대 중의 하나다. 그러나 마키아벨리는 전쟁 중이라고 할지라도 약속을 지켜야 한다는 키케로의 충고를 '그럴 수 있으면 좋은 것'으로 제쳐 두고, 기만적이거나 교활한 언행이라도 '정치 공동체의 존속'을 위해서라면 '잘 사용해야 하는 것'으로 강조한다. 이미 키케로를 따른 사람들의 선택지와는 전혀 다른 선택지를 독자들에게 제시하고 있는 것이다.

특히 '기만'에 대한 평가에서 키케로와 마키아벨리는 다른 입장을 견지한다. 마키아벨리가 『군주』 18장에서 키케로가 사용한 '사자'와 '여우'의 비유까지 빌린 이유도 이 차이를 극명하게 보여 주기 위함이다.

> 부정의가 행해지는 데에는 두 가지 방식이 있는데, 힘(vi)이나 속임수(fraude)를 쓰는 것이다. 속임수는 작은 여우에게 속하는 것처럼 보이고, 힘은 사자에게 속하는 것처럼 보인다. 두 가지 모두 인간과는 동떨어진 것처럼 보이지만, 기만은 더 큰 경멸을 받아 마땅하다. 그리고 모든 부정의 중에 신뢰를 배반하면서도 마치 선한 사람처럼 보이도록 행동하는 사람들보다 더 처벌을 받아 마땅한 이들은 없다.
>
> ── 키케로, 『의무론』, I권 13장 41

키케로도 진지함만으로는 행복한 결과를 가져올 수 없다는 말 정도는 받아들일 수 있었을 것이다. 그러나 『의무론』 I권 41절에서 보듯, 키케로는 '힘'에 대해서는 타협의 여지를 보이지만 신뢰를 배반하면서도 마치 선한 사람처럼 보이도록 행동하는 '속임수'만큼은 용납할 수 없다.

> 군주는 어떻게 야수의 방식을 사용해야 하는지를 잘 알아야 할 필요가 있기에, 그는 여우와 사자를 선택해야 한다. 왜냐하면 사자는 함정으로부터 스스로를 방어할 수 없고, 여우는 늑대들로부터 스스로를 방어할 수 없기 때문이다. 따라서 누군가는 함정을 알아보기 위해 여우가 될 필요가 있고, 늑대를 겁먹게 만들기 위해 사자가 될 필요가 있다. 단순히 사자에 머무는 사람들은 이것을 이해하지 못한다.
>
> ──『군주』, 18장 (7)

반면 마키아벨리는 '힘'과 '기만' 모두를 사용해야 하고, 특히 '기만'을 사용할 줄 알아야 한다고 충고한다. 키케로를 따르는 사람들은 '도덕적 선'과 '유용한 것'이 타협해야 할 정치적 필요에 대한 자각은 필요하다고 느꼈겠지만, '여우'의 방식을 어떻게 사용하는지를 반드시 '알아야(saprere)' 할 상황에 강제되지는 않을 것이다. 그러나 마키아벨리를 따르는 사람들은 '사자'만큼이나 '여우'가 되는 것에 항상 관심을 기울여야 한다.

'근거 있는' 악명

마키아벨리에게 쏟아지는 비난은 상당 부분 일리가 있는 것들이다. 혹자는 마키아벨리의 정치적 현실주의를 잘못 이해했기 때문이라고 일축할 수 있다. 그러나 인간의 '사악함'에 대한 냉철한 분석에 그쳤다면, 인간을 본질적으로 악하다고 보는 기독교 윤리관에서 마키아벨리의 충고가 크게 벗어나지 않았을 것이다. 그리고 제한된 폭력의 행사만을 언급했다면, '힘'이란 짐승에게 속한 것이지만 예외적인 경우에는 필요하다는 키케로의 신중함으로부터 마키아벨리의 정치가 구별될 필요도 없었을 것이다. 아울러 인간의 '좋은 삶'을 향한 열정을 부정하지 않았다면, 아리스토텔레스의 '정치적 삶'에 대한 성찰로부터 마키아벨리의 정치철학이 이탈할 이유도 없었을 것이다. 그러나 마키아벨리에게서는 '폭력'과 '공포'가 정치의 본질로 자리를 잡고, '기만'과 '눈가림'까지 용인되는 것은 부정할 수 없다. 그러기에 마키아벨리가 지금까지 받아 왔던 악평이 무조건 잘못되었다고 폄하할 수만은 없다는 것이다.

그럼에도 불구하고, 마키아벨리가 무분별한 정치적 탐욕까지 정당화했다거나, 일관된 잣대도 없이 상황에 따라 즉흥적으로 판단했다고 단언하는 것은 부적절하다. "나쁜 것을 좋은 것으로 위장할 수 있는 능력"을 갖추라는 충고도, "기만을 통해 많은 것을 감추어야 한다."는 당부도, 일관된 판단 근거에서 나온 말이다. 바로 '정치 공동체의 존속'이다. 물론 '기만'과 '눈가림'에 마키아벨리만큼

개방적인 사상가는 오늘날에도 만나기가 쉽지 않을 것이다. 그러나 '정치 공동체의 존속'을 위해서라면 '세상의 이러한 측면(questa parte del mondo)'이 있다는 것을 모르는 너무나도 도덕적으로 '진지한' 현자에게 나라를 어떻게 맡길 수 있겠느냐고 반문할 사람들도 많을 것이다.

문득 '신'의 권위를 대변했던 교황도 자기가 원하는 바를 '기만'을 통해 성취했던 시대에, '신중함'을 상황에 맞는 처신으로 믿는 지식이 상식이 되어 버린 시대에, 마키아벨리의 몰도덕적 현실주의에 엄격한 도덕적 잣대만을 들이대는 것이 현명할까라는 의문이 든다. "가능하면 선한 것으로부터 떠나지 않아야 하겠지만, 필요한 경우 어떻게 악해질 수 있는지도 알아야 한다."는 충고 속에서, '정치 공동체의 존속'에 대한 마키아벨리의 통찰력을 읽어낼 수 있는 지혜가 우리에게 더 필요하겠다.

9장
비(非)지배 자유

많은 경우 좋음의 잘못된 인상(una falsa immagine di bene)에 기만되어 인민들은 스스로의 파멸을 원하기도 한다는 것, 그리고 만약 그들이 신뢰하는 누군가에 의해 그것이 잘못되었고 무엇이 좋은 것인지를 깨닫게 되지 않으면 무한한 위험과 해악이 공화정에 초래될 것이다.

　　　　　　　　　　　　　　　　　　　—『강의』, I권 53장 (6)

[귀족과 인민의] 차이는 다른 속성에서 비롯되는 것이 아니다. 왜냐하면 모두가 배은망덕할 수 있지만, 그나마 선한 것의 이로움이 있다면 인민에게 있다는 것이기 때문이다. 그 차이는 그 아래에서 각각이 삶을 영위하는 법을 조금이라도 더 존중하는가에서 비롯된다.

　　　　　　　　　　　　　　　　　　　—『강의』, I권 58장 (19)

무능한 정치

『강의』Ⅰ권 47장에서 마키아벨리는 메디치 가문을 축출한 바로 그 시점부터 피렌체가 '심각한 방종(licenza ambiziosa)'에 빠지게 되었다고 개탄한다. 글자 그대로 옮기면, 그는 분명 피렌체가 '야망이 초래한 무질서' 상태에 처했다고 말하고 있는 것이다. 여기에서 그는 '야망'이나 '욕망'이 '무질서'와 '방종'을 가져왔다는 말을 하고자 한 것이 아니다. 그가 지적하고자 한 것은 '대중 정치인들(popolari)'의 무능력이다. 광장에서는 그토록 목소리를 높여 모든 것을 다 할 수 있다고 약속하더니, 권력을 잡은 뒤에는 모든 문제에 침묵해 버린 대중 정치인의 무책임을 강조하고자 한 것이다. 그는 바로 이들이 피렌체 시민들을 노예 상태에 빠뜨렸고, 바로 이들이 '정치'에 대한 환멸을 불러일으켰다고 한탄한다.

　어쩌면 지금 지구촌 곳곳이 마키아벨리의 지적에 귀를 기울여야 할지도 모른다. 메디치 가문의 축출 이후에 닥친 위기에 갈피를 못 잡던 피렌체와 지구적 차원에서 벌어지는 '민주주의 보편화 시대'의 일상이 닮아 있기 때문이다. 미래의 불확실성에 직면해 스스로를 관리하기에 급급한 생활 속에서 점차 개인화되어 가는 시민, 무한경쟁과 극도의 긴장 속에 살아가는 젊은 세대들에게 절망만 안겨 주는 시장, 사건마다 즉흥적으로 형성되는 여론이 시민적 열정을 제도의 개혁이 아닌 다른 목적에 소진시켜 버리는 광장, 그럼에도 불구하고 자신들의 이념적 도덕률만을 고집하며 회랑과 광장에

서 목소리를 높이는 대중 정치인, 이 모든 것이 피렌체를 개혁하고
자 했던 마키아벨리의 고민과 무관하지 않다.

물론 마키아벨리의 시대가 그러했듯이, 새로운 제도에 대한 열
망은 정치에 대한 총체적 불신과 맞물려 '정치적 신중함'이 작용할
작은 공간마저도 허락하지 않을 때가 있다. 그리고 페리클레스가
죽은 이후 아테네 민주주의가 그러했듯이, 시민들이 목도하는 것은
단지 무능력한 정치인들이 만들어 내는 절망적 '대치(deinon)'일 수
도 있다. 마키아벨리는 바로 이런 절망의 시대에 도전했다. 그러기
에 우리는 그에게서 셰익스피어의 희극에 등장하는 티몬(Timon)의
독백을 읽을 수 없다. 그의 글에는 정치에 대한 불신이나 인간에 대
한 실망이 없는 것이다. 대신 인간의 흠결을 받아들이고, 다양한 의
견과 인간적 욕망이 부딪쳐 만들어 내는 정치의 본질을 이해하며,
그럼에도 불구하고 '정치'를 통해 상황을 변화시키려는 한 명의 철
학자를 만나게 된다.

새로운 사회 정의의 틀

마키아벨리의 『강의』에서 특이한 사실 중 하나는 그가 '다수'
와 '소수'는 주목하지만 '약자'와 '강자'에 대해서는 주의를 환기시
키지 않는다는 점이다. '약함' 또는 '약한'과 관련되는 용어들을 모
두 살펴보더라도, 이 단어들은 국가 사이의 힘의 관계나 군주 또는

지도자의 역량을 지칭할 때를 제외하고는 거의 사용되지 않는다. 특히 '시민적 자유'와 관련될 때, 마키아벨리가 '다수' 또는 '시민'을 '약자'로 묘사한 경우는 거의 없다. 구태여 있다면, 『강의』 I권 57장 정도에 불과하다. 그것도 "함께하면 강하지만 스스로는 약하다.(debole)"는 전제에서 '우두머리가 없는 고삐 풀린 군중'은 미약할 수밖에 없다는 이야기를 하려 한 것이지, '다수'나 '시민'이 원래 '약자'라는 말을 하려던 것은 아니다.

　마키아벨리가 '강자'와 '약자'로 시민들 사이의 갈등을 조명하지 않으려 했던 이유는 여러 가지가 있을 것이다. 그가 꿈꾸던 공화정이 자유를 향유한다는 점에서만큼은 모두가 평등하기 때문이라든지, 강자와 약자의 관계는 상대적이기에 '다수'가 꼭 '약자'가 된다고 말할 수 없기 때문이라든지, 여러 측면에서 설명할 수 있을 것이다. 그러나 정치 변동과 관련된 그의 기술들을 읽다 보면, 한 가지 유독 강조되는 사실을 알게 된다. '시민' 또는 '다수'는 지배하려하기보다 지배받지 않으려 할 때 가장 건강하고, '가진 자'와 '소수'는 '다수' 또는 '시민'이 지배받지 않도록 하려는 목적에 헌신할 때 가장 훌륭하다는 점이다. 다시 말해 마키아벨리는 개인 또는 집단 사이의 갈등 해결의 실마리를 '강자'와 '약자'의 관계보다 '지배'와 '비지배'의 역학에서 찾고자 했던 것이다.

시민적 자유와 시민적 품위

마키아벨리는 공화정의 '다수'가 비(非)지배를 꿈꿀 때 시민적 자유와 시민적 품위가 함께 보장될 수 있다고 거듭 강조한다. 여기에는 개개인은 한 사회에서 특정 역할이 있다는 '유기체'론도, 자연은 몇몇 사람들이 무리 중에서 두각을 나타낼 수밖에 없도록 만들었다는 '자연 귀족'론도 없다. 다만 냉혹하리만큼 차분한 정치적 현실주의, 그리고 욕망과 실수가 버무려진 인간 사회에 대한 통찰력만이 번득일 뿐이다. 그리고 '다수'가 정치에 참여하는 궁극적인 목적은 '지배받지 않고자 하는 것'이어야 하고, '다수'가 지배를 꿈꿀 때에는 '다수'가 이미 '소수'의 선동과 야망에 사로잡혔을 가능성이 크다는 관찰이 내재되었을 뿐이다.

특히 『강의』 I권에서 마키아벨리는 '다수'가 지배하려 할 때 건강했던 로마공화정조차도 몰락의 길을 걸을 수밖에 없었다고 거듭 경고한다. 우연이라고 말하기에는 일관되게 매 '7'로 끝나는 장에서 이런 충고가 반복된다. 7장에서는 한 사람에 대한 시민들의 적개심, 17장에서는 참주에 저항한 인민의 영웅, 27장에서는 인민의 지지를 받을 수 있는 기회를 놓친 용병대장, 37장에서는 로마공화정을 구하려다 몰락을 재촉한 로마공화정의 그라쿠스 형제, 47장에서는 대중 정치인, 57장에서는 '대장(capo)'이 없는 무력한 군중, 이 모든 사례는 '다수'의 정치가 어떻게 성공했고 어떻게 실패했는지를 보여 준다. 행운의 숫자로 받아들여졌던 '7', 여기에 그는 '다수'

의 실패를 막을 지혜를 숨겨 놓은 것이다.

유독 마키아벨리가 냉정함을 잃은 곳이 있다. 바로 로마공화정의 그라쿠스 형제에 대한 이야기다. 『강의』를 헌정한 두 유력 가문의 젊은이들에게 조언하듯, I권 37장의 구절들은 정의감에 불탄 젊은이들의 실패에 대한 안타까움이 흠뻑 배어 있다. 우선 그는 당시 지식인들과는 달리 그라쿠스 형제들이 가졌던 문제의식에 아낌없는 칭찬을 보낸다. 조국을 위해 목숨을 걸고 싸웠던 장병들에게 닥친 가난, 법을 어기면서까지 공유지를 차지한 부자들의 만용, 그리고 노예로 전락한 빈민들의 설움에 분노한 두 젊은이의 정의감을 높이 평가한다. 그러나 그라쿠스 형제의 실패를 언급할 때, 그들이 인민들에게 심어 준 잘못된 신념에 대해 말할 때, 그는 눈가에 맺힌 이슬을 숨기지 못한다. '지배'를 통해 '자유'를 획득할 수 있다고 믿는 순간, 시민들이 더 '강한' 참주를 찾는다는 사실을 왜 몰랐냐고 통탄하는 것이다.

일면 마키아벨리의 그라쿠스 형제에 대한 평가가 그가 실현하려던 '소란스러운 공화정'과 충돌하는 것처럼 보일 수 있다. 그러나 면밀하게 살펴보면, '다수'의 실패에 대한 한탄과 '갈등'의 순기능에 대한 확신은 마키아벨리의 정치사상에서 모순되지 않는다. 왜냐하면 그는 비지배를 위한 집단행동에 대해서만큼은 그 정도가 지나친 경우에도 거리낌 없는 찬사를 보내기 때문이다. 설사 인민의 비(非)지배를 위한 집단행동이 소요로 귀결되더라도, 그는 그 이유를 인민의 무모함보다 귀족의 오만함으로 돌린다. 『강의』 I권 5장에서 보듯, 귀족의 횡포와 거만함이 지배하고자 하는 열망을 인민에게 불러일으킨다고 말하는 것이다.

동일한 맥락에서, 마키아벨리는 '소수'에게 무엇보다 '비지배'를 위해 헌신해야 한다고 주문한다. '비(非)지배'를 위해서라면,『강의』I권 47장의 파쿠비우스(Pacuvius Calavus)처럼 파당적 이익도 과감하게 버릴 것을 주문한다. 그의 해석을 따르면, 카푸아의 파쿠비우스는 안으로는 혁명의 기운이 만연하고 밖으로는 한니발의 침략이 임박했음을 감지한 신중한 지도자이며, 귀족과 인민의 첨예한 갈등을 제도적 합의로 귀결시킨 탁월한 지도자다. 특히 귀족들에게는 그들의 오만함이 불러올 위험이 무엇인지를 직시하도록 강제하고, 인민들에게는 귀족들과 함께 살아갈 수밖에 없는 이유를 받아들이도록 한 사실을 부각시킨다. 여기에 파쿠비우스가 '기만'으로 권력을 잡았다는 역사가들의 평가는 언급되지 않는다. 그 대신 인민이 스스로의 '비지배'를 지키기 위해 무엇을 해야 하는지를 설득해 낸 지도자만 있을 뿐이다.

주지하다시피, 마키아벨리는 정치를 '파당적 이익'과 '개인적 야망'의 실현을 위해 싸우는 과정으로 이해하는 것에 개의치 않았다. 그러나 그는 권력을 잡고자 하는 '소수'에게 '비지배'를 실현하기 위해서는 파당적 이익을 넘어서야 한다고 가르치는 것도 잊지 않았다. '소수'가 아니라 '다수'의 의사로부터 출발하는 태도, 시민들이 설득될 수 있다는 확신, 그리고 '설득'을 통해 가능한 최선을 획득해 나갈 수 있는 믿음이 지도자에게 필요하다는 점을 부단히 가르쳤던 것이다. 그리고 부패한 공화정의 개혁을 위한 '제왕적 권력(podesta regia)'만큼이나, '적절한 시점'에 대중을 설득할 수 있는 '영민함(astuzia)'이 지도자에게 필요하다는 점을 거듭 강조했던 것이다. 그 이유는 한 가지였다. 시민적 자유를 상실하면, '다수'뿐만 아니라 '소수'조차도 아무것도 기대할 수 없는 나락만이 기다리고 있을 뿐이라는 것이다.

영혼보다 조국

1527년 6월, 마키아벨리는 갑자기 죽음을 맞이한다. 수십일 전만 해도 교황 클레멘스 7세가 카를 5세의 군대에 굴복하자 복원된 공화정에서 그는 마지막 꿈을 펼치고자 했다. 그러던 그의 갑작스러운 죽음에는 사보나롤라를 따르던 공화파 인사들이 그에게 붙인 '메디치의 하수인'이라는 평판도 영향을 끼쳤을 것이다. 그래서인지 1527년 4월 그가 친구 베토리에게 보낸 편지는 많은 것을 시사하고 있다.

나는 프란체스코 귀치아르디니를 사랑하네. 그리고 나의 조국(patria)을 내 영혼(anima)보다 사랑하네. 내 육십 평생의 경험으로 자네에게 말하네만, 지금보다 더 어려운 상황들은 없었네. 평화는 필요하지만 전쟁을 포기할 수는 없고, 평화든 전쟁이든 어떤 것도 잘할 수 없는 군주를 우리가 모시고 있지 않은가.

　　　　—「마키아벨리가 베토리에게 보낸 편지」, 1527년 4월 16일

　여기에서 말하는 그 '군주'가 클레멘스 7세라는 사실에서, 우리는 '메디치의 하수인'이 아니라 '피렌체 애국자'의 절규를 읽게 된다. 그리고 친구처럼 여겼던 14세 연하의 유력 가문의 자제이자 귀족이었던 귀치아르디니에게 조국의 미래를 거는 모습에서, 우리는 출신과 입장을 넘어선 조국에 대한 사랑을 느낄 수 있다.

　마키아벨리가 이 편지를 쓸 때, 피렌체는 이미 시민적 자유를 회복한다 하더라도 그 자유를 지킬 수 없는 무능한 '대중 정치인'들의 세상이었다. 그리고 클레멘스 7세의 거듭된 실수로 그가 사실상 지배하던 피렌체도 위기에 봉착한 상황이었다. 이때 라구사의 서기장직도, 용병대장 콜론나의 고문직도 마다했던 마키아벨리가 나섰던 것이다. 보잘것없는 직책이지만 클레멘스 7세의 요청을 받아들였던 것도 조국에 대한 사랑에서 비롯된 것이었다. 이런 그를 죽음으로 이끈 것은 어쩌면 공화파의 냉대가 아니라 회복된 공화정도 오래가지 못할 것이라는 낙심이었는지도 모른다. 다만 자신이 자주 사용했던 '그럼에도 불구하고(nondimanco)'라는 말처럼, 그는 죽기까지 자유로운 시민들이 만들어 갈 정치에 대한 믿음을 버리지 않았을 것이다.

페르난도 2세와 이사벨 1세의 결혼 초상화

　영국과 프랑스 사이의 백년전쟁에서 보듯, 14세기 초부터 혈연적 유대와 봉건적 결속은 국왕의 영토적 경계 안에서 급격히 와해되고 있었다. 그 결과 영국은 장미전쟁 이후 튜더왕조가 들어섰고, 프랑스는 1469년 루이 11세에 의해 절대왕정이 수립되었다. 그리고 아라곤의 페르난도 2세와 카스티야의 이사벨 1세의 결혼으로 통합되었고, 1492년 그라나다 공략에 성공함으로써 스페인은 새로운 유럽의 강자로 등장했다. 마키아벨리가『군주』에서 말하는 이른바 '국가를 유지하는 일'이 군주의 최대 목표이자 개별 국가의 생존이 달린 문제로 대두된 것이다.

이탈리아에 머물고 있는 루이 12세

마키아벨리에게 '전통적'인 방식으로 '평판(reputazione)'을 얻은 대표적 사례는 프랑스의 루이 12세다. 『군주』 3장에서 보듯, 루이 12세는 밀라노를 합병한 후 다수 인민보다 소수 귀족을 만족시키는 데 최선을 다하고, 단지 알렉산데르 6세와의 약속을 지키기 위해 체사레에게 군대를 빌려주는 실수를 범한다. 반면 체사레는 모든 면에서 정반대다.

암브로조 로렌체티, 「선정(善政)」(14세기)
시에나 시청 '평화의 방(Sala della Pace)'의 벽화로 '선정(Allegoria del Buon Governo)'이라는 제목의 연작 그림 가운데 하나이다. 1300년경에 풍미했던 디노 콤파니의 '선정'과 '악정'에 대한 견해를 그림으로 옮긴 것이다. 마키아벨리는 이러한 전통적인 구분을 뛰어넘어 시민적 자유와 제국적 팽창의 조화가 모두 가능한 공화정을 꿈꾸었다.

사노 디 피에트로, 「자비의 성모마리아」(1440년대)

시에나파 화가 사노 디 피에트로가 그린 '자비의 성모마리아
(Madonna della Misericordia)'로, 14세기에서 15세기 사이에 이렇게 마리
아의 자비를 그린 그림들이 크게 유행했다.

파올로 우첼로, 「산로마노 전투」(1438-1440)

이 그림은 르네상스 시대 수학자이자 화가였던 파올로 우첼로가 그린 세 개의 연작 중 피렌체 장군 '니콜로 다 토렌티노'를 그린 그림이다. '산로마노 전투'는 1432년 피렌체와 밀라노와 시에나 연합군 사이에서 벌어진 것으로, 이 전투의 승리로 피렌체는 토스카나 지방의 맹주로서 자리를 확고히 했다. 이 그림은 '위대한 로렌초'를 비롯해 피렌체의 영광을 꿈꾸던 많은 사람들에게 사랑을 받았다.

보티첼리, 「비너스의 탄생」(1486)
　　마키아벨리를 비롯해서 많은 르네상스 시대 사람들이 루크레티우스
가 쓴 『사물의 본질』에 영향을 받았다. 『사물의 본질』은 『군주』 20장에서 보
듯 마키아벨리의 '무신론'과 '감각론'에 큰 영향을 끼쳤다. 보티첼리의 이
그림도 그 정신을 고스란히 보여 주는 작품이다.

베네초 고촐리, 「베들레헴으로 가는 동방박사들」(1461)
이 그림은 피렌체 메디치 궁전에 있는 벽화다. 성경에 나오는 동방박
사 세 사람의 행렬에 메디치 가 인물들의 모습을 그려 넣었다. 행렬 맨 앞이
로렌초 메디치, 바로 뒤가 그의 아버지 피에로 메디치 1세, 그 옆에 당나귀
를 탄 인물이 메디치 가문을 일으킨 코시모 메디치다. 마키아벨리는 코시모
메디치를 '피렌체의 참주'로 간주했고, 동일한 맥락에서 그는 당시 지식인
들과는 달리 카이사르를 로마공화정 '최초의 참주'라고 비난했다.

스테파노 우시, 「니콜로 마키아벨리, 서재에서」(1894)

특히 마키아벨리는 외교문서를 쓰는 데에 뛰어난 소질이 있었을 뿐만 아니라, 상황을 간명하게 보고하는 데에 탁월한 소질이 있다고 정평이 났기에 더욱 그러했다. 게다가 제2서기국 서기장으로 선출된 뒤 몇 달 후에 전쟁을 총괄하는 10인 위원회의 서기장이라는 직분까지 맡았기에, 마키아벨리는 사보나롤라 몰락 이후 수립된 공화정에서 외교 업무와 전쟁 업무를 도맡아 처리하게 된다.

HIERONYMI·FERRARIENSIS·A·DEO
MISSI·PROPHETÆ·EFFIGIES

지롤라모 사보나롤라

그러나 마키아벨리는 사보나롤라가 등장한 시점부터 몰락까지 그의
예언을 거짓말이라고 확신하고 있었다. 그 대신 마키아벨리가 비난한 문제
들은 매우 정치적인 것들이었다. 시민들의 정의감을 '시민적 자유'와 '공동
체 존속'과는 전혀 상관없는 불필요한 목적에 분출시켜 완전히 소진시켜 버
린 것, 그리고 스스로가 제정한 법을 위반함으로써 자기의 통치를 '정치적
권위'의 행사가 아니라 '물리적 힘'의 행사로 인식시켰다는 것이었다.

「시뇨리아 광장에서의 화형」

사보나롤라가 처형되던 때 광장은 시민들로 발을 디딜 틈이 없었지만, 화가는 그의 죽음이 교회와 귀족의 음모 때문이었다는 것을 표현하려는 듯 광장을 한산하게 그려 놓았다. 4세기가 지난 후, 로마 교황청은 사보나롤라가 처형된 자리에 그의 억울한 죽음을 애도하는 돌판을 박았다.

산티 디 티토,「마키아벨리 초상화」(1575), ©The Bridgeman Art Library

마키아벨리는 '군주의 교본'의 전통적 가르침을 따르지 않는다. 대신 군주의 지배욕을 자극하고, 인민의 '힘'을 보여줌으로써 군주가 지배하기 위해서 지향해야 할 바를 '다수의 안전'으로 향하게 한다. 동시에 그는 공화주의의 전통적인 화두였던 '조화'를 버린다. 그에게 공존과 조화는 당시 피렌체 시민들의 절망적 삶을 지속시킬 귀족적 사탕발림에 불과하다. 그대신 '갈등'과 '힘겨루기'를 공화주의의 새로운 전망으로 제시한다. 특히 인민들에게 '지배받지 않으려는 욕망'을 일깨워 줄 제도적 장치를 제시하고, 지도자들에게는 이들의 욕망을 어떻게 충족시켜 줄 수 있는지를 가르친다.

4부
갈등의
정치사회학

좋은 본보기는 좋은 교육에서 비롯되고, 좋은 법으로부터 좋은 교육이 비롯되며, 좋은 법은 많은 사람들이 생각 없이 비난하는 소요들(tumulti)로부터 나왔다.

—『강의』, I권 4장 (7)

새로운 것이든 오래되거나 병합된 것이든, 모든 국가들이 가지고 있는 주요한 토대들은 좋은 법체계와 좋은 군대다. 그리고 좋은 군대가 없는 곳에 좋은 법체계가 있을 수 없고, 좋은 군대가 있으면 좋은 법체계가 반드시 있기 때문에, 나는 법체계에 대한 추론은 놔두고 군대에 대한 이야기를 하겠다.

—『군주』, 12장 (3)

자유로운 인민들의 열망은 자유에 그렇게 해롭지 않다. 왜냐하면 그 열망들은 지배받지 않으려 함이나 그들이 억압받을 것이라는 의심으로부터 비롯되기 때문이다. 만약 이들의 의견이 잘못되었다면, 그들에게는 의회라는 처방이 있다. 이곳에서는 그들이 그들 스스로를 어떻게 기만하고 있는지를 연설을 통해 증명할 어떤 좋은 인물이 나선다. 그리고 비록 키케로가 말하듯 인민은 무지하지만 어떤 믿을 만한 인물이 그들에게 진실을 말해 줄 때 그들은 진실을 알 수 있고 쉽게 양보한다.

—『강의』, I권 4장 (9)-(10)

비록 우리는 다른 곳에서 원로원과 평민들 사이의 적개심이 시민적 자유에 도움이 되는 법을 제공함으로써 로마를 자유롭게 했다는 것을 보여 주었지만, 그리고 비록 [그라쿠스가 제안한] 토지법의 결말이 그러한 결론에 합치되지는 않았지만, 나는 이것 때문에 그러한 의견을 단념하진 않겠다. 왜냐하면 귀족들의 야망이 너무나 크기에, 만약 어떤 도시에서 다양한 방법과 방식으로 부서뜨려지지 않으면, 이들의 야망은 그 도시를 멸망시킬 것이기 때문이다.

—『강의』, I권 37장 (22)

수년 전만 하더라도, 국정 운영에 있어 최대 현안 중 하나는 갈등 조정 메커니즘의 창출이었다. 민주화 이후 중앙정부의 일방적인 조정 메커니즘은 해체되고, 이전에 볼 수 없었던 새로운 갈등 형태가 다양한 측면에서 드러남으로써 갈등 조정 메커니즘의 부재가 심각한 정치적 문제로 등장했기 때문이다.

갈등 조정 메커니즘에 대한 증폭된 관심은 한국 사회에서만 나타나는 현상은 아니었다. 1990년대 서구 학계에서 '심의'와 '민주주의'의 상관관계에 대한 논의가 활발하게 전개되었던 것도, 갈등 조정 메커니즘에 대한 지구적 차원에서의 관심을 보여 주는 좋은 사례다. 개인의 자율성을 중시하는 자유주의와 적극적인 정치 참여를 통한 공공선의 실현을 목적으로 하는 공동체주의의 긴장을 해소하고자 하는 학문적인 노력, 자유롭고 평등한 시민들의 심의를 통한 의사 결정이라는 민주주의적 이상을 실현시키고자 하는 제도적 모색, 그리고 차이의 인정을 넘어 다원성에 기초한 공공성을 확보할 수 있는 인식론적 전환까지, '갈등을 통한 변화의 제도화'라는 정치사회학적 주제가 모두 포괄했던 것이다.

그러나 오늘날 한국 사회에서는 갈등 조정 메커니즘에 대한 관심이 부쩍 줄어들었다. 갈등에 대한 부정적인 편견은 여전히 시민들의 일상을 지배하고 있고, 민주주의는 투표를 통해 시민들의 의사가 집합되는 '선호 집합적(aggregative)' 대의제의 절차처럼 이해되는 상황으로까지 후퇴했다. 갈등을 유발하는 집단행동은 곧 지지부진한 논의나 불필요한 혼란과 동의어처럼 치부되거나, 고대 아테네와 같은 도시국가에서도 통용될 수 없었던 직접민주주의의 문제점으로 간주되는 경우도 허다하다. 민주화 이후 한국 사회는 더욱 '갈등'에 대한 더욱 따가운 시선을 갖게 된 것이다.

게다가 '갈등 조정 메커니즘'을 고민하기보다 '권력만 잡으면

된다.'는 조야한 현실주의가 '갈등'에 대한 일반 시민들의 부정적 견해를 고착시킨다. '잃어버린 10년'이라는 말을 서로 내뱉으며, 정치인들은 습관처럼 반목과 훼방을 일삼는다. 권력을 잡은 쪽에서는 대화의 창을 닫아 걸고 제 멋대로 국정을 운영하려는 의지를 내비치고, 권력을 잡지 못한 쪽에서는 남겨진 임기 동안 반대 세력을 규합하는 데에 전심전력을 쏟는다. 설사 정치인들이 대화를 하려고 노력하더라도, 정쟁과 투쟁에 익숙해진 지지자들이 대화의 빗장을 걸어 두라고 요구하는 통에 큰 진전이 없다. '어떻게 잡은 정권인가?'라며 대화에 나선 정치인들을 비난하거나, 낙선 운동 운운하면서 극단적 대치로 다시 몰아간다. 권력을 얻기 위한 '갈등'에는 익숙하지만, '변화'를 제도화하는 '갈등'은 너무나도 생소한 것이다.

마키아벨리의 피렌체도 비슷했다. 그렇기에 그에게는 '제도 내의 갈등'과 같은 이야기는 권력을 잡은 사람들의 정치적 수사와 다름없이 들렸다. 동시에 그에게는 '권력을 얻기 위한 갈등'에 전념하는 대중 정치인들의 선동이 퇴행의 수레바퀴처럼 보였다. 시대사적 변화는 새로운 형태의 국가를 요구하는데, 지식인들과 귀족들은 '조화'와 '통합'을 앞세워 현상 유지를 통해 자신들의 기득권을 수호하려는 데에 여념이 없다는 것을 알아차린 것이다. 아울러 사태가 어떻게 돌아가는지 알지도 못하면서, 권력만 탐닉하는 선동가들에게 휩쓸린 인민들에게 어떤 결과가 도래할지도 피부로 느낄 수 있었던 것이다.

이런 마키아벨리로부터, 우리는 갈등과 관련해서 최소한 두 가지 생각을 배우게 된다. 첫째, 다양성이 보장된 사회에서 갈등은 불가피하다는 생각, 그리고 갈등은 오히려 민주주의의 역동성과 건강성을 확보하는 수단이 될 수 있다는 인식이 필요하다는 것이다. 만약 갈등에 대한 인식의 전환 없이 '조화'과 '소통'만을 내세운다면, '심의'와 '토론'은 서로의 다른 입장만을 확인하는 과정 이상이 될수 없다. 대화는 절차적 정당성을 확보하기 위한 수단에 불과하다는 견해가 팽배할 것이고, 정작 합의는 '힘' 또는 '권력'에 의해 결정된다는 선입견이 모두를 사로잡을 것이다. 이렇게 지속된다면, 특히 약자에게는 절망만이 거듭될 것이다. 이런 결과를 초래하지 않으려면, 갈등을 변화의 필요를 가늠할 수 있는 잣대로 보려는 보다 긍정적인 태도, 그리고 갈등을 자기의 의사가 대변되지 않는 시민들의 몸부림으로 이해하려는 보다 적극적인 자세가 필요하다.

둘째, 정치의 목표가 '다수의 지지를 바탕으로 권력을 쟁취하는 것이다.'라는 조야한 현실주의로부터 벗어나서, 정치의 목표는 '다수에게 타인의 자의적인 의지에 종속되지 않는 삶을 제공하는 것이다.'라는 마키아벨리의 현실주의로 대체되어야 한다는 것이다. 마키아벨리가 도덕정치를 주창했다고 말하려는 것이 아니다. 전술한 바대로, '비(非)지배'는 선험적이고 도덕적인 요구를 반영하는 것이 아니라 '다수' 또는 '인민'의 일상적이고 사회적인 필요를 대변하는 정치적 주제다. 그리고 '비(非)지배'는 평소에는 잠자고 있지만 상실하면 폭발적인 힘을 가진 '다수' 또는 '인민'의 힘의 표현이자 역학이다. 따라서 추상적이고 도덕적인 지침을 말하는 것이 아니라, 진정 시민적 자유를 지키기 위해 어떤 정치적 목표가 바람직한지 되물어 보는 것이다. '비(非)지배'가 정치의 목표가 되지 않는 한, '갈등'을 통한 변화의 제도화는 기대할 수 없다. 정치의 목표는 갈등을 통한 변화가 아니라 권력을 통한 변화가 될 것이고, '갈등'은 권력을 쟁취하기 위한 수단에 불과할 것이기 때문이다.

민주적 심의는 무의미하고, 말을 많이 할수록 정치적 비용이 커진다는 '재갈의 법칙(gag rule)'이 자주 선호되는 것은 이상할 것 없다. 그러나 마키아벨리는 '혁명'은 침묵하면서도, '재갈의 법칙'을 선호하지 않는다는 점을 명심해야 할 때다. 정치는 '소수'만의 전쟁터가 아니라 이른바 시민들의 학습장이라고 말하는 그의 역설에 귀를 기울여야 할 때다. 모두가 정치에 참여하려는 의지를 가진 것은 아니지만, 시민들은 자신들의 자유와 공동체를 지키는 방법을 정치를 통해 배운다는 마키아벨리의 주문을 되새겨야 한다. 그러기에 마키아벨리는 미래의 지도자에게 갈등에 대한 부정적 편견을 버리라고 끊임없이 주문한다. 마키아벨리의 로마공화정으로부터, 갈등이 정치권력만이 아니라 정치체제의 변화를 가져오는 기재(器才)가 될 수 있다는 점을 확인할 수 있기를 기대한다.

10장
'다수'와 '소수'

> 군주는 반드시 귀족을 중시해야 하지만, 스스로가 인민으로부터 증오의 대상이 되지 않도록 해야 한다고 결론을 짓겠다.
>
> ——『군주』, 19장 (24)

내가 말했던 그 도시에서 귀족들이 이겨 인민으로부터 자유를 빼앗은 일이 일어났을 때, 인민들은 아테네인들을 이용해서 자신들의 힘을 회복한 후, 모든 귀족을 붙잡아 그들 모두를 감옥에 가두었다. 인민들은 그들을 다른 곳들로 추방시킨다는 구실로 한 번에 여덟 또는 열 명을 그곳에서 끌어내어 잔인함의 수많은 본보기들을 사용해서 죽였다. 남아 있던 사람들이 이것을 알고는 가능한 최선을 다해 이 불명예스러운 죽음으로부터 도망가기로 결심했다. 그들이 할 수 있는 모든 것으로 무장하고, 감옥으로 들어오려는 사람들과 전투를 벌였고, 감옥의 문을 막았다. 그러자 이 소음에 인민들이 무리를 지어 그곳의 지붕을 열어 젖혔고, 그 잔해에 귀족들이 압사 당했다. 비슷하게 끔찍하고 눈에 뛰는 많은 일들이 내가 말한 지방에서 역시 일어났다. 그러기에 당신이 빼앗고자 하는 것보다 당신이 빼앗은 자유가 훨씬 더 격렬하게 복수한다는 것이 사실이라는 점을 알게 된다.

—『강의』, 2권 2장 (23)-(25)

우연과 필연

정치철학자의 이목을 끄는 정치적 사건은 크게 두 가지 측면을 갖는다. 하나는 어떤 사회의 균열과 새로운 균형의 형성이다. 예기치 못했던 사건은 사회 구성원들에게 자기들이 유지해 왔던 정치사회적 원칙과 사회경제적 구조에 대해 반성할 기회를 제공하고, 이러한 반성의 결과 잠재되었던 갈등의 분출이나 변화의 요구가 나타난다. 예를 들면, 1789년 7월 파리 군중의 바스티유 감옥 점령은 단지 일곱 명의 범죄자를 해방시킨 사건에 불과했지만, 이 사건을 통해 그동안 잠재되었던 프랑스 사회의 정치사회적 갈등이 모두 분출되면서 결국 구체제는 붕괴되고 말았다. 그래서인지 프랑스혁명은 참으로 많은 정치사상가에게 '새로운 변화'에 대한 진지한 성찰과 새로운 영감을 불러일으켰다.

다른 하나는 정치적 사려가 그 어느 때보다 요구되는 국면이다. 일반적으로 '사건'이란 예측하지 못한 일의 발생을 의미하고, 예측하지 못했기에 미리 계획된 대책이나 신속한 처리가 있을 수 없다. 따라서 갑작스러운 사건은 특정 행위가 가져올 정치적 결과에만 천착하는 우리의 일상적 습관으로부터 벗어나, 어떤 정치적 원칙이 어떤 제도를 통해 표현되어야 하는지를 고민해야 할 계기를 제공한다. 따라서 서양 고전에서는 사건(accidente)을 '필연'이나 '확실성'과 대비되는 '우연'이나 '개연성', 또는 운명(fortuna)의 장난으로 묘사하기도 했다. 즉 예기치 못한 사건은 정치인과 시민의 보다 신중하고 사려 있는 판단과 행동이 필요한 국면인 것이다.

이런 맥락에서 마키아벨리의 주목을 끈 정치적 사건 중의 하나는 1378년에 발생한 '치옴피 폭동(Il Tumulto dei Ciompi)'이다. 흥미롭게도 그는 이 사건을 『군주』에서도 『강론』에서도 언급하지 않는다. 그러나 그는 『피렌체사(Istorie Fiorentine)』에서 이 사건을 비교적 상세하게, 그것도 당시 지식인들과는 매우 상반된 시각에서 설명하고 있다. 혁명과 반혁명을 반복했던 피렌체 역사에서조차 매우 민감한 사건들 중의 하나를 서슴없이, 그것도 "맨발에 옷도 거의 걸치지 않은" 빈민들 중 한 사람의 영웅담으로 묘사했던 것이다.[99] 메디치 가문의 교황에게 바친 책에 이 정도로 서술했는데, 왜 『군주』와 『강론』에서 이 사건을 거론하지 않았는지 궁금해질 정도다.

치옴피 폭동

치옴피 폭동은 피렌체의 오랜 파당적 갈등의 산물이었다. 당시 피렌체는 한편으로는 3년을 끌어 온 교황령 국가들과의 전쟁을 종식시키려는 교황파(Guelfa)와 이 전쟁을 이끌어 온 교황 반대파(Ghibellina) 사이의 갈등, 다른 한편으로는 교황파의 주축을 이루는 부유층(popolo grasso)과 반교황파를 지지하던 도시 빈민층(popolo minuto) 사이의 갈등이 심각한 긴장을 조성하고 있었다. 그러기에 귀족들 사이의 권력 다툼은 피렌체의 곪았던 상처들을 드러냈고, 곧 도시 빈민들과 하층 노동자들이 가담하는 폭동으로 발전했다.

사건의 전말은 이렇다. 1378년 6월, 교황파가 지지부진한 전쟁에 공을 들이고 있던 반교황파를 몰아내려 하자, 유력 가문들에 반감을 갖고 있던 상인들이 이를 저지하려고 들고일어난 것이 발단이었다. 최초에 이 소동은 유력 가문들이 권좌로부터 축출되는 것으로 끝나는 듯 보였다. 그러나 이런 권력 다툼을 시작으로 도시 빈민과 하층 노동자들의 요구가 터져 나왔다. 7월 중순, 양모 가격 불안이 가져온 임금 하락과 전쟁으로 인한 세금 폭증에 불만을 품고 있던 도시 빈민과 조합에 소속되지 못한 하층 노동자들이 폭동을 일으켰다. 바로 이 폭동을 주도한 집단이 '치옴피', 자기들의 조합이 없어 정치 공간에서 자신들의 목소리를 전혀 낼 수 없었던 '양털을 깎는 사람들'이었다.

이 폭동의 결과로 민중정부가 들어섰는데, 이 정부를 주도한 사람이 마키아벨리가 '맨발의 반(半)벌거숭이'라고 묘사했던 미켈레 디 란도(Michele di Lando)였다. 그는 한편으로는 교황파를 완전히 몰아내고, 다른 한편으로는 빈민들과 하층 노동자들의 이익을 대변하는 새로운 조합을 결성해 그들의 목소리가 정치에 반영될 수 있는 길을 열었다. 그러나 그가 주도한 개혁은 곧이어 발생한 상인들과 기존 조합들의 반혁명으로 물거품이 된다. 새로 민중정부가 들어선 지 6주 후, 부유한 상인들과 거대 조합들이 주도한 반혁명 폭도들이 새로 결성된 조합들을 공격했고, 그 결과 미켈레와 그의 개혁은 역사의 뒤안길로 사라졌다.

지도자의 진정성

당시 역사가들과는 달리, 마키아벨리는 미켈레의 집권과 몰락을 '신중한 한 사람'의 영웅적 행동으로 묘사한다. 미켈레는 그에게 폭도들 중의 한 명이 결코 아니었다. 마키아벨리의 해설을 따르면, 7월 중순에 일어난 폭동이 약탈로 변할 때, 미켈레는 유력 가문의 자제들조차 흉내 낼 수 없는 정치가로서 탁월한 기질을 선보인 '타고난 지도자'다. 특히 적개심과 두려움에 사로잡힌 빈민들이 잔인한 보복을 자행하려고 했을 때, 빈민들의 의사를 추종하기보다 그들의 무모한 행동을 설득으로 자제시킨 현명한 지도자로 기술된다. 한편으로는 인민들의 사사로운 복수를 공적 처벌로 대체하고, 다른 한편으로는 귀족들의 오만을 제도적으로 견제함으로써 새로운 형태의 공존을 기획한 혁명적 지도자로 본 것이다.

이런 묘사들은 당시 역사가들의 일반적 기술과는 판이하게 다른 것이었다. 미켈레가 맨발에 옷도 제대로 걸치지 않았다는 점은 다른 역사가들의 기술에서도 발견된다. 그러나 당시 역사가들은 미켈레를 '인민의 지도자'로 설명할 이유도 의도도 없었다. 따라서 그들의 기술에서는 인민들을 설득하는 정치가로서의 미켈레를 발견할 수 없다. 등장부터 몰락까지 미켈레는 한 명의 폭도일 뿐, 새로운 제도를 도입한 혁명적 정치가로 평가되지는 않는 것이다. 역사가들의 기술들이 옳다면, 『피렌체사』에 등장하는 미켈레의 리더십은 마키아벨리가 발굴한 새로운 사실이거나 순전히 그의 창작물이다. 그러나 어떤 측면에서 보든, 마키아벨리의 미켈레는 새로운 형태의 대중적 지도자가 필요하다는 메시지였던 점을 부인하기는 힘들다.

'다수'의 정치심리학

미켈레를 통해 마키아벨리는 당시 피렌체의 절망을 토로하려던 것이 아니었다. 여기에 그는 단순하면서도 명쾌한 자신의 정치심리학, 그리고 이런 정치심리학을 바탕으로 한 구체적인 개혁의 청사진을 담았다. 바로 이것이 『강론』에서 만나는 '자유'와 '갈등'

에 대한 그만의 미학적 성찰, 그리고 이를 토대로 제도화하려고 했던 '시민적 자유'와 '전투적 견제'가 공존하는 그만의 제도적 구상이다. 여기에는 '조화'를 강조했던 마키아벨리 이전의 정치철학이 추구했던 도덕적 훈계는 없다. 그리고 어떤 정치체제도 당파적 갈등으로부터 자유로울 수 없다는 비관적 현실주의도 없다. 대신 갈등은 잘 관리되기만 한다면, 안으로는 귀족의 야망과 인민의 무분별한 욕구를 억제해 시민의 자유를 확고히 하고, 밖으로는 시민적 자유를 통해 배양된 주인의식을 바탕으로 강력한 나라가 만들어진다는 희망이 내재되어 있다.

물론 '갈등'이 자동적으로 '시민적 자유'를 확대시키고 '시민적 역량'을 강화시킨다고 마키아벨리가 이해했던 것은 아니다. 로마공화정에서는 그러했지만, 피렌체에서는 그렇지 못한 이유가 그에게는 더 중요했다. 그리고 『강론』 I권 37장이 보여 주듯, 그렇게 건강했던 로마공화정도 '갈등'으로 무너졌다는 점이 그에게는 더 중요했다. 여기가 바로 '다수'와 '소수'에 대한 마키아벨리의 면밀한 관찰이 시작되는 지점이다. 바로 여기가 『군주』 9장에서 제시되는 '지배하려는 집단'과 '지배당하지 않으려는 집단'의 기질(umore)이 우리의 주목을 끄는 지점이다.

마키아벨리가 말한 '지배받지 않으려는 기질'은 최근 각광을 받고 있는 '신(新)공화주의'의 '타인의 자의적 의지로부터의 자유', 즉 '비(非)지배 자유'라는 정치이론에 영감을 제공했다. '신공화주의'에서 '자유(libertà)'란 노예와는 달리 그 누구의 지배도 받지 않는 조건을 의미하고, 자유로운 시민은 불간섭의 기본적인 권리 보장에 만족하는 것이 아니라 비지배의 조건을 획득하고 지킬 수 있는 견제력까지 반드시 보장받아야 한다. 마키아벨리가 '다수(lo universale)'와 '인민(il populo)'에게서 찾은 '지배받지 않으려는' 기질을 자유의 정치사회적 조건으로 이해하고, 그가 '소수(pochi)' 또는 '귀족(i grandi)'의 기질로 분류한 '지배하려는 속성'을 '야망(ambizione)'에 이끌린 잘못된 지배욕으로 파악한 것이다.

시민적 자유와 다수의 정치

마키아벨리의 '자유'에 대한 견해를 이렇게 해석하는 데 큰 무리는 없다. 그러나 그의 정치심리학을 보다 잘 이해하려면 두 가지 측면은 반드시 짚고 넘어가야 한다. 첫째, 그가 말하는 기질은 계급 또는 계층적 특성이 아니라는 것이다. 『강론』 I권 46장에서 보듯, '지배받지 않으려는 속성'도 때로는 '상대방을 짓누르려는 욕구'로 이전되기도 한다. 인민들 또는 그들 중 일부도 '지배하려는 욕구'를 갖게 될 수도 있고, 귀족도 궁지에 몰리면 지배받지 않으려는 욕구를 가질 수 있다. 이런 측면을 보지 못하면, '지배받지 않으려는 욕구'도 '지배하려는 욕구'처럼 '자유'가 아니라 '방종(licenzia)'으로 귀결될 수 있다는 그의 경고를 읽을 수 없다.

둘째, 집단적 기질은 고정된 것이 아니라는 점이다. 마키아벨

리에게 있어 '지배하고자 하는 기질'은 언제나 어느 누구에게서
나 돌출할 수 있다. 지배하려는 집단의 오만함이 인민에게 지배하
고자 하는 열망을 불러일으킬 수도 있고, 피렌체의 '대중 지도자들
(popolari)'과 같이 대중의 이익을 대변함으로써 지배하고자 하는 욕
구를 충족시키려는 잠재적 참주도 있다. 특히 그가 말하는 '귀족'
과 '대중 지도자들'의 갈등을 유심히 살펴볼 필요가 있다. 야망에
의해 주도되는 갈등은 '시민적 자유'로 종결되지 않았다는 한탄,
공화정에서도 자기기만적 갈등을 방지하기 위한 제도가 필요하다
는 충언, 그리고 '지배하고자 하는 욕망'에 사로잡힌 잠재적 참주
에게 '시민적 자유'를 위해 헌신함으로써 성취할 수 있는 새로운
목표를 일러 주려는 노력, 바로 여기에 우리의 진지한 고민이 요구
된다는 것이다.

'치옴피 폭동'을 이끌었던 미켈레 디 란도

당시 역사가들과는 달리, 마키아벨리는 미켈레의 집권과 몰락을 '신중한 한 사람'의 영웅적 행동으로 묘사한다. 미켈레는 그에게 폭도들 중의 한 명이 결코 아니었다. 마키아벨리의 해설을 따르면, 7월 중순에 일어난 폭동이 약탈로 변할 때, 미켈레는 유력가문의 자제들조차 흉내를 낼 수 없는 정치가로서 탁월한 기질을 선보인 '타고난 지도자'다. 특히 적개심과 두려움에 사로잡힌 빈민들이 잔인한 보복을 자행하려고 했을 때, 빈민들의 의사를 추종하기보다 그들의 무모한 행동을 설득으로 자제시킨 현명한 지도자로 기술된다.

11장
'참주'와 '군주'

　　그래서 그들이 평판을 얻은 방식들을 검토해야 하는데, 사실상
두 가지가 있다. 공적인 것과 사적인 것이다. 공적인 방식은 어떤 개인
이 공적인 이익(beneficio comune)에 있어 잘 조언하고 더 잘 일했을 때 평
판을 얻는 것이다.

—『강의』, 3권 28장 (8)-(9)

　　그러나 [평판들이] 사적인 방법을 통해, 언급된 또 다른 방식으로
획득되었을 때, 그것들은 매우 위험하고 전적으로 해롭다.

—『강의』, 3권 28장 (11)

　　'참주'라는 말은 우리에게 다소 생소한 개념이다. 종종 '전제군
주' 또는 '폭군'이라는 단어와 혼용되기도 하는데, 그 기원을 면밀
히 살펴보면 이들은 다른 말이다. 한 사람이 절대적인 권력을 행사

한다는 점에서는 동일하다. 그리고 그 권력의 행사가 전제적이고 잔인할 수 있다는 점에서도 유사하다. 그러나 '참주(tyrannos)'는 '폭군(despotes)'과는 다른 한 가지 특징이 있다. 바로 권력을 잡는 과정에서 후자에게는 필요하지 않은 '인민의 지지'가 있다는 점이다. 폭군이 신민을 노예처럼 다루는 왕을 의미한다면, 참주는 시민의 자유를 지켜 주겠다는 명목으로 권력을 잡은 후에 오히려 시민을 탄압하는 인민의 '우두머리'를 뜻한다는 것이다. 그래서 서양 정치철학에서는 '폭군'의 이야기를 통해서는 군주가 귀담아들어야 할 성찰적 지혜를 많이 전달하고, '참주'에 대한 논의를 통해서는 민주주의 사회에서 시민들이 새겨들어야 할 정치적 사려를 강조하는 경향이 있다.

동일한 맥락에서, 서양 정치철학에서 정치 지도자에 대한 교육은 두 가지 방향에서 전개되었다. 하나는 왕위를 계승하거나 이미 권좌에 앉은 군주를 훈계하는 것이고, 다른 하나는 자신의 능력으로 권력을 쟁취하고자 하거나 혹은 그렇게 권력을 획득한 참주를 가르치는 것이다. 전자는 이미 어느 정도 정치적 정당성을 확보한 왕정(basileia)을 대상으로 한 경우로, 가끔 군주의 덕성을 함양하기 위한 조언이나 좋은 정치가 무엇인지를 전하는 '군주의 거울(speculum principis)'이라는 갈래로 구체화되었다. 후자는 소크라테스가 참주가 되고자 마음먹은 아테네 젊은이들에게 '좋은 삶(eu zen)'이 무엇인지를 물어보듯, 미래에 지도자가 되고자 하는 사람 또는 타인을 지배하고자 하는 욕망을 가진 인물에게 탁월함이 무엇으로부터 획득되는지를 가르치는 정치철학적 교육(paideia)으로 발전되었다.

비록 마키아벨리의 『군주』는 이미 권좌에 앉은 군주에게 바쳐졌지만, 특이하게도 '잠재적 참주' 또는 '권력을 쟁취하려는 인물'을 설득의 대상으로 삼고 있다. 『군주』의 헌정사의 태도가 매우 오만하다는 것은 잘 알려져 있다. 군주에게 훈계를 받는다는 느낌을 주지 않으려고 글의 절반을 군주에 대한 칭찬으로 채우던 시절이다. 그러나 '통상(sogliono)'과 '복종(servitù)'이라는 단어가 형식적으로 언급된 것을 제외하고, 그는 다분히 수평적 관계에서 군주의 본질과 새로운 전망을 쓰겠다고 이야기한다. 게다가 『군주』 15장에서는 "이해하는 사람이면 누구에게든 쓸모가 있는 것"을 쓰려 했다는 소신까지 밝힌다. 22장에서는 자기 설명을 듣고도 이해하지 못하는 사람은 '쓸모없는(inutile)' 두뇌의 소유자라고 단언했을 정도다. 이렇듯 그가 자신의 구직이 실패할 것을 개의치 않았거나, 『군주』를 쓰면서도 『강론』의 헌정사에서 밝힌 "왕국(regnum)을 제외하고는 왕이 되는 데 부족한 것이 없는" 잠재적 참주들을 염두에 두고 있었다는 점을 입증할 많은 증거들은 수없이 많다.

소크라테스와 잠재적 참주

화려했던 아테네 민주주의가 막을 내리고 있을 때, 소크라테스와 그의 제자들은 '참주'가 되고자 하는 젊은이들에게 '좋은 삶'을 설득하고 나섰다. 궁극적으로 이들의 목적은 자기의 욕망에 충실한 '자연인(anēr)'의 삶이 아니라 '절제'를 통해 자신의 욕망을 억제하는 '지혜(sophia)를 추구하는 사람'이 되어야 한다는 점을 가르치는 것이었다. 이때 참주는 '자연인'의 삶을 가장 적나라하게 보여 주는 인간으로 묘사되었고, 반면 소크라테스로 대표되는 철학자는 자연인의 욕망을 절제함으로써 '탁월함'에 도달하려는 인간으로 그려졌다. 전자가 정치권력의 획득을 목표로 하는 정치적 삶을 추구한다면, 후자는 올바른 삶에 도달하는 것을 목적으로 하는 철학적 삶을 대변하고 있었던 것이다. 동일한 맥락에서, 소크라테스 전통에서 참주는 비이성적이고, 무법적이며, 무절제하고, 신민의 동의와 정당성을 갖지 못한 통치자로 기술되었다.

그렇다면 이렇듯 좋은 삶과 거리가 먼 '참주'가 되고자 하는 젊은이들에게 소크라테스와 그의 제자들이 관심을 기울인 이유는 무엇일까? 바로 잠재적 참주들이 가진 '열정(thumos)'이라는 정치적 감성 때문이다. 열정은 다른 사람을 지배하려는 욕구로 분출되기도 하지만, 잘못된 일을 보고 참지 못하는 정의감으로 귀결되기도 한다. 특히 열정이 정의감에서 비롯된 정치적 행동으로 표출될 경우, 잠재적 참주는 어떤 정치 공동체를 지키는 수호자의 모습으로 등장하게 된다. 그래서 최초에 '참주'라는 말이 '군주(monarchos)'와 혼용되고, 귀족의 압제를 물리치고자 인민들이 앞세운 지도자를 지칭했다는 사실이 전혀 이상하지 않다. 그리고 소크라테스가 그러했듯이, '열정'을 가진 젊은이들이 공동체의 '수호자(prostates)'가 되도록 만드는 것이 정치철학자의 숙제가 된 것도 자연스러운 것이다. '좋은 삶'이 무엇인지를 알고 있는 사람들은 정치를 혐오하거나 권력을 잡을 능력이 없고, 그들이 부딪히는 현실은 시민의 동의와 적법한 절차 따위는 관심도 없는 참주들의 세상이었으니 말이다.

이런 소크라테스 전통은 르네상스 시대까지 이어졌으며, 단테 이후 '참주 교육'은 커다란 논쟁을 불러일으켰다. 아울러 군주정에 대한 관심도 높아지기 시작했다. 『참주에 대하여(De Tyranno)』를 쓴 콜루초 살루타티(Coluccio Salutati)가 대표적인 경우다. 이 책에서 살루타티는 카이사르(Julius Caesar)를 로마공화정의 극심한 혼란을 잠재우려던 '좋은 지도자'라고까지 말한다.[100] 이런 정도까지는 아니었더라도, 외세의 침입과 내부의 혼란으로부터 벗어나고자 군주정을 옹호하는 경우를 그리 어렵지 않게 볼 수 있다. 젊은 시절 크세노폰의 『히에론(Hieron)』을 라틴어로 번역한 브루니(Leonardo Bruni)마저도 공적 헌신만 강조하는 고전적 공화주의에 일대 수정이 불가피하다는 견해를 피력했을 정도다.[101] 그러나 그 누구도 '좋은 삶'으로부터 동떨어진 '올바른 정치'가 있다고 믿지는 않았다. 철학적 절제와 정치적 성공은 분리되어서는 안 된다는 소크라테스적 전통으로부터 벗어나지 않았던 것이다.

마키아벨리와 참주 교육

마키아벨리는 소크라테스적 참주 교육을 반신반의했다. 그가 생각했을 때, 소크라테스적 전통은 두 가지 문제점이 있었다. 정치적 '열정'을 철학적 '절제'로 숨죽이는 것이 가능하다고 믿는다는 것, 그리고 그런 방식으로 권력을 잡은 '잠재적 참주'가 외세로부터 공동체를 지켜낼 수 있다고 믿는다는 것이었다. '열정'이라는 정치적 감성을 찾아낸 것은 좋았지만, 그리고 이러한 감성을 이용해서 잠재적 참주를 가르치려고 의도한 것은 좋았지만, 정치 공동체의 '수호자'가 되도록 유도하기 위해 잠재적 참주에게 '좋은 삶'을 가르치는 것이 가능하지도 않을 뿐만 아니라 바람직하지도 않다는 생각을 가졌던 것이다.

사실 마키아벨리는 철학적 절제가 없는 정치적 성공에 대해 이야기해야 한다고 믿었다. 그리고 그는 '도덕'이 아니라 '영광(gloria)'으로, '절제'가 아니라 '공포(paura)'로 잠재적 참주를 가르쳐야 한다고 믿었다.

> 히에론. 내가 말하리다. 당신의 경쟁 상대는 다른 도시의 수호자들이요. 그리고 만약 당신이 당신의 도시를 다른 수호자들의 것보다 더 살기 좋게 만든다면, 당신은 세상에서 가장 고귀하고 위대한 경쟁의 승자가 될 것이요.
>
> ─크세노폰, 『히에론』 II장 7

마키아벨리가 『군주』에서 크세노폰의 이름만을 언급하는 것도 같은 맥락이다. 그는 소크라테스를 따르는 사람들을 한데 묶어 '헛된 상상(falsa immaginazione)'을 하는 사람들이라고 비난했지만, 크세노폰이 다른 도시의 우두머리들과 경쟁하는 것이 진정 "세상에서 가장 고귀하고 위대한 경쟁의 승자(nikon)"가 되는 길이라며 참주를 설득한 것에는 주목했다. '영광'을 성취하고자 하는 욕구를 통해 참주가 공동체의 방어에 헌신하도록 만들 수 있다는 크세노폰의 생각에 공감한 것이다.

『군주』 19장에서 아리스토텔레스의 『정치학』 5권 11장의 내용이 언급되는 것도 비슷한 맥락이다.

> 모든 종류의 거만함을 삼가되, 다른 모든 것 중에서 두 가지를 삼가야 한다. 육체적 학대와 관련된 것과 젊은이들을 [겁탈하는 것]이다. 이런 조치는 특별히 야심 있는 사람들과의 사이에서 취해져야 한다. 탐욕스러운 사람들은 그들의 것에 조금만 악영향을 끼쳐도 심각하게 받아들이고, 인간들 중에 야심차고 존경할 만한 사람들은 조금만 불명예와 얽혀도 심각하게 받아들인다.
>
> — 아리스토텔레스, 『정치학』, 1315a 14-19

앞서 이야기했듯이, 그 무엇보다 그를 증오하게 만드는 것은 탐욕스러워져 신민의 소유와 여인네를 강탈하는 사람이 되는 것이다. 그는 이러한 것을 반드시 삼가야 한다. 그리고 그가 대다수의 사람들로부터 재산(roba)이나 명예(onore)를 빼앗지 않는 한, 그들은 만족하며 살아간다. 그래서 그는 단지 소수의 야망과 싸워야 하는데, 많은 방식을 통해 쉽게 견제될 것이다.

—『군주』, 19장 (2)-(3)

마키아벨리는 '공포'라는 설득 기제를 부각시킨다. 참주가 스스로를 보존하는 길은 '참주라기보다 신민의 종복'이라는 인상을 주는 것이라는 아리스토텔레스의 충고로부터, 그는 '절제'가 아니라 '공포'가 잠재적 참주를 신민을 위해 헌신하도록 만들 수 있다는 확신을 갖게 된 것이다. 군주는 결코 귀족의 음모로부터 완전히 자유로울 수 없다는 경고, 그러기에 인민의 지지를 얻지 못하면 죽을 수 있다는 충고가 여기에서 나온 것이다. 바로 이 지점에서, 마키아벨리의 정치적 현실주의는 소크라테스의 철학적 성찰로부터 이탈하기 시작했던 것이다.

'자연인'의 욕구, 즉 '영광'과 '공포'에 초점을 둔 마키아벨리의 참주 교육은 참으로 거침이 없다. 소크라테스 이후 지속된 '올바른 삶'의 기준들이 한꺼번에 허물어지고, 공동체의 안위를 위해서라면 다른 나라의 자유를 빼앗는 '제국의 건설'도 용인된다. 그러기에 『강론』 3권 6장에서 '시에나의 참주(tiranno di Siena)'라고 불렀던 판돌포 페트루치(Pandolfo Pettruci)도 『군주』 20장에서는 엄연히 '군주(principe)'일 뿐만 아니라 탁월한 용인술을 가진 인물로 등장한다. 처음 판돌포를 만나고 난 뒤, 진의를 알 수 없는 '미꾸라지 같은 놈'

이라고 푸념할 때와는 사뭇 다른 태도를 보인 것이다. 또한 『군주』 6장과 13장에서 '새로운 군주(nuove principe)'로 묘사되는 시라쿠사의 참주 히에론도 마찬가지다. 마키아벨리는 히에론의 잔인한 방법과 기만적 술수를 도덕적 잣대로 평가하지 않는다. '인민의 지지'를 통해 권력을 획득했다는 것, 자기만의 군대를 확보했다는 것, 그리고 외세로부터 '다수'를 보호했다는 것만 강조한다. 최소한 이 세 가지 측면에서 참주와 군주는 전혀 구별되지 않는다.

마키아벨리의 참주 교육은 도덕적 삶의 내용을 담지 못했기에 소크라테스로부터 내려오는 전통으로부터 단절되었다고 할 수 있다. 그러나 마키아벨리도 자신의 저술을 읽는 사람들의 시민적 삶에 대해 고민했다는 점을 부인할 수는 없다. 왜냐하면 마키아벨리의 거침없는 참주 교육에도 몇 가지 전제가 존재하기 때문이다. '시민적 자유'가 보장된 정치 공동체의 설립과 유지가 정치의 목적이 되어야 한다는 것, 그리고 어떤 정치철학이든 외세로부터 스스로를 방어할 수 없도록 만든다면 무익하다는 것이다.

누군가는 다음과 같은 의구심이 들 것이다. 어떻게 아가토클레스와 그와 같은 사람들 모두가 수없는 배신과 잔인함 이후에도 오랫동안 그의 조국(sua patria)에서 안전하게 살았으며, 외적에 맞서 스스로를 지켰으며, 그의 시민들이 결코 그에게 맞서 음모를 꾸미지 않았는지 말이다. 반면 다른 많은 사람들은 불확실한 전쟁 시기는 말할 것도 없고 평화로운 시기에서조차 산인함으로 그들의 국가들을 유지할 수 없

있었는지 말이다.

—『군주』, 8장 (22)

그러기에 마키아벨리는 아가토클레스의 탁월한 능력(virtù)을 칭찬하면서도, 멀쩡한 공화정을 전복시킨 그의 행동을 결코 용서할 수 없었다. 그러기에 그는 다른 경우에도 곧잘 발견되는 정도의 잔인함에 '사악함(sceleratezza)'이라는 표현까지 써 가며 분노를 표출한다. 비록 소크라테스적 전통에서는 천박한 생각일 수밖에 없겠지만, 마키아벨리도 젊고 야심에 찬 청년들이 참주의 길을 선택하지 않고 시민적 자유를 회복하는 데 헌신할 수 있도록 하려는 의도를 갖고 있었던 것이다. 다만 그는 '지배하려는 욕구'와 '획득하려는 욕구'를 억제하라는 충고가 새로운 국가를 창설하고 강력한 공화정을 만들 사람들에게는 오히려 독이 될 수 있다고 생각했을 뿐이다.

12장
로마와 베네치아

누구든지 자유롭게 사는 데 익숙해진 도시의 수호자(patrone)가 되어 그 도시를 파괴하지 않으면, 그 도시에 의해 반드시 파괴당할 것이라고 예측해야 할 것이다. 왜냐하면 그 도시는 반란을 일으켜 시간의 길이를 통해서나 부여된 이익들로도 결코 망각되지 않는 자유의 이름과 그 도시의 옛 질서에서 위안을 갖기 때문이다.

— 『군주』, 5장 (6)

모든 공화정에는 귀족과 인민들이 있기에, 자유의 수호를 어느 집단의 손에 맡기는 것이 더 나은지가 논란이 되어 왔다. 스파르타인과 우리 시대의 베네치아인들은 그것을 귀족들의 수중에 맡겨 두었다. 그러나 로마인들은 그것을 민중의 손에 맡겼다.

— 『강의』, I권 5장 (3)-(4)

'자유'냐 '안정'이냐

'시민적 자유'와 '정치적 안정'의 균형은 제도사상사에서 오랫동안 실현하고자 노력해 온 숙제들 중 하나다. 전자를 지나치게 강조하다 보면 후자가 심각한 손상을 입고, 후자를 과도하게 강조하다 보면 전자가 심하게 위축되기 때문이다. 그러기에 이 둘 사이의 균형은 정치철학에서도 중요한 주제들 중 하나이다. 플라톤은 지나친 '자유의 추구'가 민주주의의 몰락을 가져온다고 말했고, 루소는 '일반의지'를 형성한 이후에 자유로운 심의가 가져올 위험성을 우려했으며, 존 스튜어트 밀조차도 '자유'와 '방종'은 엄연히 다른 것이라고 충고했다. 그럼에도 불구하고, 그 누구도 미국 건국의 아버지 제임스 메디슨이 한 말을 부인할 수 없을 것이다. 파벌이나 갈등이 두려워 자유를 몰수하거나 지나치게 제한하는 것은 "불이 날까 두려워 공기를 없애 버리는 것"과 같다는 지적 말이다.

개인의 자율성이 그 무엇보다 먼저 구현해야 할 정치적 목적의 하나로 자리를 잡은 지금, '시민적 자유'와 '정치적 안정'의 긴장을 초정치적인 '법' 또는 중립적인 '기관'으로 해결하려는 경향이 크게 부각되고 있다. 사실 '법의 지배'라고 부르든, '입헌주의' 또는 '헌정주의'라고 부르든, 둘 사이의 균형을 어떤 '절차' 또는 어떤 중립적 '기관'을 통해 확보하려는 입장이 대세인 것만은 분명하다. 그러나 몇몇 민주주의 이론가들이 비판하듯, 초정치적 '법' 또는 중립적 '기관'을 통해 '자유'와 '안정'을 모두 확보할 수 있다는 생각은 어쩌면 '신화'는 아닌지 한 번 돌아볼 필요가 있다. 특히 민주주의가 가진 장점들 중 하나를 시대적 요구를 수렴해 새로운 제도를 창출할 수 있는 제도라고 정의할 때, 과연 이런 정도의 균형에 만족하는 것이 적절한지를 한번 검토해 보아야 한다.

마키아벨리도 피렌체에 적합한 헌정체제를 구상하면서, '시민적 자유'와 '정치적 안정'의 균형이 어떻게 실현될 수 있는지를 우선적으로 고민했다. 그의 고민은 시민적 자유를 보장하면 정치적 안정이 깨질 수 있다고 믿었던 당시 지식인들을 어떻게 설득하느냐 하는 것이었다. 왜냐하면 혁명과 반혁명으로 점철된 피렌체의 역사는 많은 사람들에게 '정치적 안정'이 무엇보다 중요하다는 신념을 심어 주었고, 대부분의 귀족들과 지식인들은 정치적 안정을 위해 시민의 자유와 정치적 참여를 제한하거나 억제해야 한다는 견해를 갖고 있었기 때문이다. 이런 환경에서 마키아벨리는 시민의 자유뿐만 아니라 '시민을 무장시켜야 한다.'는 주장까지 전개하고, 변화의 요구들이 합의된 제도화의 방법까지도 바꿀 수 있는 정치체제를 꿈꾸기 시작했다. 거의 대부분의 사람들이 세상에서 '가장 조용한 공화정(la Serenissima Repubblica)'으로 평가받던 베네치아를 모방하자고 목소리를 높였을 때, 그는 '소란스러운 공화정(una tumultuaria repubblica)' 중의 하나로 간주되던 로마에 주목했다. 잘 다루어진다면, 갈등은 안으로는 시민의 자유를, 밖으로는 강력한 나라를 제공할 것이라는 확신이 그에게 있었던 것이다.

베네치아의 신화

한편, 스파르타와 베네치아인들의 질서를 옹호하는 입장에서는 자유의 파수를 권력자(potenti)들의 손에 맡기면 두 가지 좋은 점이 있다고 말한다. 하나는 그들이 그들의 야망을 더욱 만족시키며, 공화정에서 더 많은 중책을 맡아 주도권을 손에 쥠으로써 그들은 더 만족할 수 있다는 것이다. 다른 하나는 그들이 공화정에서 끝없는 불일치와 풍문의 원인이 되고 머지않아 나쁜 결과를 가져옴으로써 귀족들을 절망에 빠뜨리는 인민의 소란스러운 정신으로부터 [정치적] 권위를 가질 자격을 제거한다는 것이다.

—『강의』1권 5장 (9)

'베네치아의 신화(Il Mito di Venezia)'는 하루아침에 만들어지지 않았다. 1177년 교황 알렉산데르 3세와 신성로마제국 황제 프리드리히 바르바로사의 평화조약을 중재한 이후, 베네치아는 로마 교회와 신성로마제국과 함께 이탈리아 반도를 좌우하는 열강 중 하나가 되었다. 최초에는 이탈리아와 발칸 반도 사이의 해적들을 제압하려고 몇몇 도시들을 장악한 것이 팽창의 시작이었지만, 이후 그리스 지역과 크레타 섬까지 영향력 아래 놓이게 되자 베네치아는 무시하지 못할 나라로 성장했다. 1204년 4차 십자군 원정 때 콘스탄티노플을 장악하면서 베네치아는 사실상 제국으로 거듭났고, 1380년 해상무역의 경쟁 도시였던 제노아까지 제압하면서 명실상

부한 지중해의 패권국가가 되었다. 16세기 초에 교황 율리우스 2세가 주변 열강들을 불러들여 베네치아를 상대로 동맹을 결성했던 것에서 볼 수 있듯이, 이탈리아 본토에서도 밀과 소금을 독점함으로써 얻은 베네치아의 힘은 가히 가공할 만한 것이었다.

그러나 '베네치아 신화'는 단순히 물리적인 힘의 팽창만을 의미하는 것은 아니었다. 1797년 나폴레옹에게 항복할 때까지, 베네치아는 문화적으로도 유럽에서 압도적인 영향력을 행사했다. 무엇보다 15세기 후반 베네치아를 중심으로 급성장한 인쇄 문화가 유럽을 선도했다는 점에 주목할 필요가 있다. 탁월한 인쇄 기술을 가지고 있었기 때문만은 아니었다. 저작권과 출판의 자유를 동시에 보장하는 선진적인 제도, 그리고 삽화와 도판을 만들 수 있는 인력들이 풍부했기 때문이었다. 따라서 마키아벨리를 비롯한 많은 지식인들이 새 책을 구입하기 위해 베네치아에 사람을 보내는 일이 허다했다. 그리고 자연스럽게 베네치아는 지식인들에게 마음의 고향이 되었다. 그러기에 일찍이 페트라르카(Francesco Petrarca)는 베네치아를 '자유, 평등, 그리고 정의의 고향'이라고 말했고, 피렌체 사람들은 베네치아라고 하면 '지혜로운 솔로몬의 기억(la memoria del savio Salamon)'을 떠올리기까지 했던 것이다.

그럼에도 불구하고, 마키아벨리는 베네치아와 피렌체 지식인들이 재생산하는 '베네치아의 신화'에 노골적인 반대 의사를 분명히 표명한다. 『강론』 I권 5장에서 밝히듯, 그는 베네치아가 소수의 사람들만이 정치에 참여할 수 있는 '협소한 정부(governo stretto)'를 지향했다는 것, 그리고 문호를 개방하지 않고 시민을 무장시키는 데 인색해서 자멸할 수밖에 없는 제국이었다는 점을 강조한다. 사실 베네치아는 당시 피렌체 지식인들에게 아리스토텔레스 이후 '가능한 최선의 정체'로 간주된 '혼합정체(governo misto)'의 실질적 모델로 간주되었다. 군주정, 귀족정, 민주정이 갖고 있는 장점을 고루 갖춘 정치체제로, 그리고 실제로 오랫동안 지속된 안정적인 정치체제로 이해되었던 것이다. 그러나 마키아벨리는 이주민을 받아들이지 않은 베네치아의 폐쇄적인 사회 구조, 그리고 처음 도시를 세운 귀족 집단의 자제들이 계속 독점하고 있는 베네치아의 정치 공간을 혐오했다. 특히 25세 이상의 귀족 자제들로만 구성된 '대평의회(Il Maggior Consiglio)'가 어떻게 민주정적 요소인지 그는 의아해했다.

　마키아벨리에게 베네치아는 '조용한 공화정'이 아니라 '죽은 공화정'이었던 것이다. 그에게는 베네치아의 날개 달린 사자 문장이 전하는 종교적 확신도, '솔로몬의 지혜'와 '새로운 예루살렘'을 상속받았다는 허세도 문제가 되지 않았다. 왜냐하면 당시 '기독교 공화정'이라는 구호는 비단 베네치아만의 문제가 아니었기 때문이다. 반면 그는 '베네치아의 신화'가 전달하는 '협소한 정부'를 통한 '정치적 안정'이라는 선전은 결코 좌시할 수 없었다. 왜냐하면 그에게 베네치아는 오래 존속한 것을 제외하고는 그 어느 것도 배울 것이 없는 정치체제일 뿐이었기 때문이다. 『강론』 I권 2장에서 보듯, 마키아벨리는 베네치아가 오랫동안 살아남은 이유조차도 섬나라라는 지정학적 조건과 다른 나라들이 배를 만들지 못한 상황에서 찾고 있었다. 한마디로 베네치아는 운이 좋았을 뿐, 조그만 도시 테베의 반란에 무너져 버린 스파르타와 같은 운명에 처할 것이라고 확신하고 있었던 것이다.

시민적 자유와 끝없는 팽창

그러나 로마라는 국가가 더 조용했더라면, 이러한 불편함이 따랐을 것이다. 즉 로마가 획득한 위대함에 도달할 수 있도록 한 방식을 제거하기 때문에, 로마는 더 약해질 수밖에 없었을 것이다. 그 결과 만약 로마가 소요의 원인들을 제거하기를 원했다면, 로마는 팽창의 원인도 역시 제거했을 것이다.

—『강의』, I권 6장 (19)

마키아벨리에게 '가능한 최선의 정체'는 당시 지식인들에게 '소란스러운 공화정'으로 낙인 찍힌 로마공화정이다. 그는 『강론』 I권에서 비교적 상세하게 그 이유를 설명하고 있다. 첫째, 그는 로마공화정이 스파르타와는 달리 리쿠르고스와 같은 탁월한 인물을 통해 일시에 확립된 정치체제가 아니라는 점에 주목한다. 그의 해석을 따르자면 로마는 '우연(caso)'을 통해 '혼합 정체'를 구축하게 되었다. 이때 '우연'이라는 말은 폴리비우스와 같은 역사가가 로마공화정의 성장 과정을 설명할 때 사용했던 '자연에 의해(kata physis)'라는 말과 전혀 다른 의미를 갖는다. 한편으로는 '철인왕'이 아닌 로물루스와 같은 사람만 있어도 '가능한 최선의 정체'에 도달할 수 있다는 주장이 내포되고, 다른 한편으로는 로마공화정이 호민관 제도를 창설함으로써 혼합정체에 도달하기까지의 변화를 자연적이고 필연적인 것으로 보지 않겠다는 의지가 내재된 것이다. 포르투나(fortuna)와 같은 초인간적 원인들이 행위의 조건과 결과를 제약하는 것을 인정하더라도, 그에게 로마공화정은 최소한 인간의 의지로 순환 과정을 바꾸거나 되돌릴 수 있다는 것을 보여 주는 살아 있는 증거였던 셈이다.

둘째, 마키아벨리가 '우연'을 대신해서 사용하는 '우연한 사건(accidente)'이라는 단어를 통해 알 수 있듯이, 그는 귀족과 인민의 '갈등'이 로마공화정을 '혼합 정체'로 이끌었다는 점을 강조한다. 그가 말하는 '우연한 사건'은 평화적으로 해결될 수 있거나 제도 내로 편입될 수 있는 갈등만을 의미하는 것은 아니다. 로마 시민들이 도시를 방어하기를 거부하며 집단적으로 불만을 표했던 '철시(secessio)'로부터, 현대적 의미의 혁명처럼 폭력을 수반하거나 제도 밖에서 벌어지는 폭동까지 모두 포괄한다. 비록 그는 『피렌체사』 3권 1장에서 로마공화정의 민중은 귀족들로부터 모든 것을 앗아가려 하지 않았다고 말했지만, 『강론』 1권 37장에서 보듯 그는 로마공화정에서 벌어진 귀족과 인민의 갈등이 로마공화정의 안정성을 어떻게 위협했는지를 잘 알고 있었다. 그럼에도 불구하고, 그는 『강론』 2권 2장에서 이렇게 말한다. 이전의 모든 좋은 것들은 '자유로운 삶(vivere libero)'에서 나왔고, 지금의 무질서는 '노예적 삶(vivere servo)'에서 비롯되었다고 말이다. 그리고 그는 이렇게 덧붙인다. 시민적 자유로부터 사익과 공익 모두 성장할 수 있다고 말이다.

　마지막으로 마키아벨리는 '시민적 자유'를 로마공화정이 '제국'으로 성장하게 된 동력으로 보고 있다. 그는 '자유'가 곧 '안전'을 보장한다고 생각하지 않았다. 엄밀하게 말하자면, '소규모 자치 도시'로는 시민적 자유를 지킬 수 없다고 생각했다. 그러기에 그는 『군주』 3장에서 영토를 "획득하기를 열망하는 것은 분명 매우 자연스럽고 정상적인 일"이라고 전제한다. 그리고 『피렌체사』 3권 1장에서와 같이 정치사회적 갈등이 '군사적 덕성(la virtù militare)'을 고취시키는 방식으로 종결되어야 한다고 충고한다. 사실 『강론』 2권에 묘사된 제국으로서 로마공화정은 주변 지역을 다스리는 방식에서 '참주'와 다를 바가 전혀 없다. 귀치아르디니조차 '팽창이 필연적인 것'은 아니라며 그의 견해에 반발했을 정도다. 그럼에도 불구하고, 마키아벨리는 결코 물러서지 않았다. 시민에게 자유가 보장되면 전쟁 수행에 가장 중요한 '인력'과 '돈'이 준비되고, 시민들이 스스로의 자유를 지키는 방법을 채득하면 독립뿐만 아니라 제국을 건설할 수 있는 힘을 얻게 된다고 거듭 강조하고 나선 것이다. 아마도 마키아벨리는 국가들 사이의 관계에서는 '비(非)지배 자유'나 '갈등을 통한 공존'을 기대하지는 않았던 것 같다.

「포르투나와 비르투」

　카롤루스 보빌루스의 『지혜에 대하여』(1510)에 삽입된 '포르투나와 비르투'라는 제목의 목판화다. 마키아벨리 시대에 회자되었던 '절반의 가능성'을 가장 잘 표현하고 있는 그림이다. 눈을 가린 채 회전하는 운명의 바퀴를 들고 공처럼 둥근 의자에 불안하게 앉아 있는 것이 운명의 여신이고, 성찰의 거울을 들고 사각의 안전한 의자에 앉아 있는 것이 지혜의 여신이다. 오른쪽 맨 위에 있는 '지혜자(sapiens)'가 하는 말이 인상적이다. "비르투를 믿어라. 포르투나는 파도보다 더 순식간에 사라진다."

5부
해방의 리더십

세 가지 종류의 두뇌(cervelli)가 있다. 하나는 스스로 이해하는 것, 또 다른 하나는 다른 사람이 이해한 바를 파악하는 것, 세 번째는 스스로도 다른 사람을 통해서도 이해하지 못하는 것이다. 첫 번째는 가장 탁월하고, 두 번째는 탁월하고, 세 번째는 쓸모없다. 그러므로 필연적으로 다음과 같은 결론이 도출된다. 만약 판돌포가 첫 번째 급(grado)이 아니라면, 그는 두 번째였던 것이다.

—『군주』, 22장 (4)

이탈리아에서 질료(materia)는 모든 형상(forma)을 도입하는 데 부족함이 없다. 왜냐하면 우두머리들(capi)이 부족하지만, 사지(membra)에는 크나큰 능력들이 있기 때문이다. 결투나 소수가 교전을 벌이면 이탈리아인들이 힘, 기술, 그리고 재능에서 얼마나 우월한지를 보라. 그러나 군대(eserciti)의 경우에 그들은 비교할 수 없다. 모든 것이 우두머리가 약해서 비롯되었다.

—『군주』, 26장 (16)-(17)

따라서 오랜 시간 이후 이탈리아가 구세주(redentore)를 만날 이 기회를 놓쳐서는 안 된다. 외세의 범람으로부터 고통을 받아 온 모든 지방들로부터 그가 어떤 사랑을 받게 될지에 대해 표현할 수조차 없다. 복수에 대한 목마름, 고집스러운 믿음, 그리고 눈물과 함께 말이다. 어떤 문이 그에게 닫혀 있을 수 있다는 말인가? 어떤 인민들이 그에게 복종하기를 거부할 것인가? 어떤 질투가 그를 대적하겠는가? 어떤 이탈리아인이 그를 존경하지 않겠는가? 이 야만인들의 지배가 모두를 역겹게 한다. 이제 당신의 영광스러운 가문이 정당한 과업들을 수행하는 데 따르는 정신과 희망을 가지고 이 일을 맡아야 한다. 이 휘장 아래에서 이 조국은 품위를 갖게 될 것이며, 그 후견 아래 페트라르카의 말이 실현될 수 있을 것이다.

—『군주』, 26장 (26)-(29)

위에서 기술한 모든 것들로부터 부패한 도시에서는 공화정을 유지하거나 그것을 새롭게 만드는 데 있어 어려움이나 불가능성이 초래된다. 만약 정말 그곳에서 공화정을 만들거나 유지해야 한다면, 민중적인 국가보다 제왕적 국가로 방향을 잡아야 할 필요가 있을 것이다. 그래서 그들의 교만 때문에 법으로 바로잡을 수 없는 사람들이 거의 제왕적인 권력(una podestà quasi regia)에 의한 방식으로 제어되어야만 할 것이다.

─『강의』, I권, 18장 (28)-(29)

대의제도와 민주주의의 긴장에 대한 정치철학적 고민은 민주주의의 역사만큼이나 오래되었다. 다만 시민들이 자유롭게 정부를 임명하고 면직시킴으로써 얻는 혜택만으로 민주주의를 설명할 수 없다는 주장이 지배적인 지금, 현대 대의제와 관련된 학계의 논의는 크게 두 가지 측면이 강조되고 있다.

첫째는 시민들의 일상 속에서 나타나는 '정치적 무관심'이 자연적인 것이냐 아니면 인위적인 것이냐는 질문과 관련된 논쟁이다. '선거를 통한 대표 선출'의 불가피성을 강조하는 입장에서, 시민들의 정치적 무관심은 다분히 자발적이다. 경제 행위와 개인 복리에 치중하는 일상 속에서, 시민들은 전문가들로 구성된 대표들을 선출해서 그들에게 정치적 결정을 맡기려는 경향을 갖는다는 것이다. 반면 민주주의를 변화를 의도하는 혁명적 동기로 설명하는 입장에서, '정치적 무관심'은 참여를 통해 새로운 정치체제를 창출하려는 시민들의 정치적 의지가 차단당해 나타나는 결과일 뿐이다.

둘째는 즉흥적이고 무정형적인 대중의 요구를 어느 정도까지 용인할 수 있는가와 관련된 논쟁이다. 다양한 의견이 자유롭게 토론될 수 있는 조건이 구비된다면, 전문가가 아닌 대중의 토론도 '집단적 지혜(collective wisdom)'에 다다를 수 있다는 점에 대해서는 큰 이견이 없다. 그러나 제도 밖에서 형성되는 집단의사가 초래하는

'제도적 불확정성'을 민주주의의 본질적 요소로 볼 수 있는지에 대해서는 상반된 의견이 존재한다. 자유주의 정치이론가들은 대부분 이러한 불확정성을 제도로 규제해야 한다는 입장을 견지한다. 그러나 선험적 규범이나 항구적 원칙을 거부하는 급진적 민주주의자들은 '제도적 불확정성'을 민주주의의 역동성으로 이해한다.

이렇듯 민주주의의 위기와 관련된 폭넓은 논의가 진행되고 있지만, 어떤 형태의 '민주적 리더십'이 바람직한가에 대한 체계적인 논의는 아직까지 만족스러운 수준이 아니다. 크게 두 가지 이유 때문인 것으로 보인다. 첫째, 민주주의의 평등 지향적 성격 때문이다. 민주주의 사회는 위계적이고 수직적인 관계에 대한 강한 반감을 가지고 있고, 위임된 권한의 행사일지라도 상시적인 정당성 위기를 경험하게 된다. 이런 이유에서 민주적 리더십에 대한 논의는 '강한 리더십'에 대한 민주주의 사회의 평등 지향적 의심을 해소하는 방법에 초점을 맞추게 되고, 그 결과 대중의 의사와 대립된 의견을 설득할 수 있는 리더십 모델에 대한 고민은 뒤처지게 되었다. 둘째, 민주주의가 갖는 자기 파괴적 속성 때문이다. 민주주의 사회는 늘 더 좋은 리더십에 대한 열망을 갖고 있고, 이러한 열망은 정책 추진의 실망에 따라 새로운 리더십의 요구로 나타난다. 그 결과 '민주적 리더십'에 대한 논의는 정치철학적 식견을 교육하는 방법보다 대중의 선호를 획득하는 전략으로 전락될 가능성을 갖고 있다.

이런 맥락에서 볼 때, 민주적 리더십과 관련된 연구에서 무엇보다 시급한 과제는 크게 두 가지다. 첫째, 권위주의적 '후견' 및 민중주의적 '선동'과 구별되는 '민주적 리더십'을 제시하는 것이다. 물론 이런 노력이 전혀 없었던 것은 아니다. 심의민주주의에 대한 관심이 증폭되던 1990년대부터, 영미학계에서 활발하게 논의되었던 '소통'과 '토론' 중심의 리더십 모델들도 '민주적 리더십'에 대한 연구의 일환으로 볼 수 있다. 문제는 심의민주주의 이론가들이 시민의 정치적 참여를 이끌어낼 수 있는 제도적 장치와 '민주적 심의'의 필요성을 부각시키는 데는 성공했지만, 민주적 심의에서 민주적 리더십의 존재 이유와 역할에 대해서는 큰 진전을 만들어 내지 못했다는 것이다. 갈등 조정 메커니즘으로서 민주적 리더십을 고민하기보다 민주적 심의가 가능한 영역을 확대하는 데 초점을 맞추었고, 민주적 리더십보다 민주적 권한의 분산이 더 시급하다는 인식을 가지고 있었기에 불가피한 일이었는지도 모른다. 그러나 민주적 심의에서도 정치 지도자의 역할은 매우 중요하며, 동일한 이유에서 '민주적 리더십'이 기초해야 할 정치사회적, 윤리적 판단 근거가 절실하게 필요하다.

둘째, '리더십 없는 민주주의' 또는 '정치 없는 민주주의'로 귀결되고 있는 급진적 민주주의 이론을 보완하는 일이다. '급진적 민주주의 이론'이란 민주주의의 자기 전복적 속성, 즉 시민들로부터 수렴된 변화의 요구를 지속적으로 반영함으로써 제도의 개혁과 지배와 피지배 관계의 해소를 민주주의의 이상으로 제시하는 이론들이다. 이런 입장에서 볼 때, 민주적 리더십은 구시대적인 발상에 불과할지도 모른다. 무엇보다 어떤 원칙 또는 어떤 방향성을 누군가가 제시한다면 민주주의가 갖고 있는 '제도적 불확정성'을 훼손할 가능성이 있다고 보기 때문이고, 민주적 리더십이 요구하는 정치적, 철학적 판단의 근거 또한 '공동체 의식'이나 '인권'과 마찬가지로 민주주의를 통한 창조적 변화를 방해할 수 있다고 판단할 가능성이 크기 때문이다. 문제는 '공유된 나약함에 대한 자각'만으로 민주주의 사회의 모든 갈등이 '반민주적' 또는 '비민주적'으로 해소되는 것을 방지할 수 있다고 본 것이다. 다시 말해 지배를 회피하기 위해 즉흥적으로 형성되는 '상호 방어적 연대'만으로 어떻게 모든 전투적인 대치를 민주적 심의를 통한 조정으로 승화시킬 수 있겠느냐는 우려가 생긴다는 것이다.

이렇게 볼 때, '민주적 리더십'이라는 관점에서 마키아벨리의 '민중주의적' 또는 '다수'가 중심이 된 정치에 대한 해석들을 한 번 짚고 넘어갈 필요가 있다. 마키아벨리의 리더십과 관련된 논의를 르네상스의 웅변적 설득이나 현대적 의미의 민주적 심의와 일치시키지 않더라도, 그의 주요 저작들 속에는 '혁명적 참주'나 '한 사람'으로 결코 치환되지 않는 리더십의 유형과 내용이 있다는 것을 간과해서는 곤란하다. 『강의』 I권 47장에서 보듯, '이성'과 '감성'에 호소하는 '설득'은 아니지만 '공포'와 '기만'을 통해서라도 귀족과 인민의 첨예한 갈등을 조정하려는 리더십에 대한 논의가 있고, 이후 분석에서 보듯 『군주』의 '다수'가 중심이 되는 정치적 리더십에 대한 서술들도 결과적으로는 '혁명적 참주'로 포괄할 수 없는 흥미로운 유형의 리더십에 대한 다양한 전망을 가능하게 만든다. 만약 이러한 해석이 가능하다면, 마키아벨리의 정치사상이 민주주의냐 공화주의냐는 질문에만 천착할 수는 없다. 오히려 그의 서술로부터 '민주적' 리더십이 갖춰야 할 것은 무엇인지를 찾아내는 것이 훨씬 중요할 것이다.

체사레 보르자

체사레는 '소수'가 아니라 늘 '다수'의 편에 선다. 로마냐 지방의 무질서를 폭력으로 잠재우려는 의도도 '좋은 정부'를 만들어 주려는 것이었고, '제왕적 힘'이 필요하다는 판단을 한 것도 귀족들의 파벌싸움에 희생된 시민들의 비참한 삶 때문이었다. 이런 취지의 행동을 하면서도, 체사레는 자신의 야망을 도덕이나 이타심으로 포장하려 하지 않는다. 게다가 잔인한 방식이나 기만적인 행동도 주저하지 않는다. '평판'이 곧 '정치적 힘'이라는 등식은 여전히 유효하지만, 체사레는 평판이 '도덕적 태도'를 통해 구성되지도 구성되어서도 안 된다고 본 것이다.

13장
체사레 보르자

비록 지금까지 한 줄기 희미한 빛이 이탈리아의 구제(redenzione)를 위해 신이 정해 놓았다고 판단될 누군가에게 비쳐졌지만, 이후 그의 최고 절정기의 활약 중에 운명의 여신에 의해 거절당하는 것을 목도했다.

—『군주』, 26장 (4)

단지 체사레가 율리우스를 교황으로 만든 것만은 비난할 수 있겠는데, 거기에서 발렌티노 공작은 잘못된 선택을 했다. 왜냐하면, 이미 말했다시피, 비록 그가 자기에게 맞는 교황을 만들지는 못했어도, 그가 누구든지 교황이 되는 것을 막을 수는 있었기 때문이다. 그리고 그가 공격을 했거나 교황이 되어 그를 두려워할 수밖에 없는 추기경들이 선출되는 것을 결코 동의하지 말았어야 했다. 왜냐하면 사람들은 두려움이나 혐오감에서 공격하기 때문이다.

—『군주』, 7장 (44)-(45)

새로운 군주

체사레 보르자(Cesare Borgia, 1475-1507)는 우리에게 이미 익숙한 인물이다. 교황 알렉산데르 6세의 큰아들로, 이탈리아 중부 로마냐를 모두 장악했고, 그 기세를 몰아 피렌체가 있는 토스카나까지 지배하려 했던 마키아벨리 시대 가장 주목받던 군주다. 발렌티노 공작, 로마 교회군 총사령관, 그리고 추기경이라는 화려한 경력에서 보듯, 그는 당시 그 누구도 꿈꾸지 못한 많은 것들을 한꺼번에 갖고 있었다. 아울러 그는 실질적인 힘을 가진 권력자이기도 했다. 한 손에는 냉혹하리만큼 교활했던 아버지 교황 알렉산데르 6세의 후원, 다른 손에는 그 누구보다 기민하고 잔인했던 스페인과 이탈리아의 용병대장들이 그를 떠받치고 있었다.

그래서인지 마키아벨리가 체사레 보르자를 '새로운 군주(principe nuovo)'의 전형으로 제시한 『군주』 7장은 수많은 논쟁거리를 담고 있다. 한편으로는 '새로운 군주'에 대한 이야기가 천박한 용병대장 정도의 생존 방식을 설명하고 있기 때문이고, 다른 한편으로는 『군주』에서 마키아벨리가 묘사한 '새로운 군주'의 잔인함과 기만술이 그가 『강의』에서 꿈꾸던 '자유로운 삶'과 모순되는 것처럼 보이기 때문이다. 사실 『군주』에서 '새로운 군주'의 전형으로 소개된 인물들은 우리에게 큰 불쾌감을 불러일으킨다. 그들보다 더한 잔인함과 천박함으로 무장하지 않는다면 어떻게 그런 악당들을 제거하겠냐는 질문이 떠나지 않고, 그런 방식으로 '자유로운 삶'을 건설하는 것이 과연 바람직하냐는 의구심이 드는 것이다.

동일한 맥락에서, 『군주』 7장에서 마키아벨리가 묘사한 체사레 보르자가 진정 '새로운 군주'의 이상적인 모델인지, 아니면 당시 이탈리아 참주들을 풍자하기 위한 소재인지, 오랜 시간 동안 논쟁이 지속되어 왔다. 몽테스키외는 『법의 정신』에서 체사레를 마키아벨리의 진정한 우상이라고 주장했지만, 루소는 『사회계약』에서 체사레가 공화주의자 마키아벨리의 풍자적 소재에 불과하다고 단언했다. 최근에도 마찬가지다. 어떤 학자들은 체사레를 마키아벨리의 진정한 영웅이라고 보지만, 어떤 학자들은 그를 통해 마키아벨리의 숨은 이야기를 찾아내야 한다고 조언한다. 물론 이 질문의 답은 텍스트에서 찾아야 하겠지만, 텍스트를 꼼꼼히 살펴보더라도 마키아벨리의 진의를 찾기란 쉽지 않다.

철인정치 콤플렉스 벗기

마키아벨리는 『군주』 7장에서 체사레에 대해 두 가지 상반된 평가를 내린다. 한편 체사레는 '새로운 군주'의 전형으로 모두가 모방해야 할 대상이다. 무려 세 차례에 걸쳐 마키아벨리는 그를 '새로운 군주'의 모범이라고 말한다. 그의 행적보다 더 나은 새로운 군주의 수칙을 일러 줄 수 없다는 말을 시작으로, 그의 행동에서 비판할 것을 찾지 못했다는 과분한 칭찬을 더하고, 마지막으로는 새로 권력을 잡은 군주라면 누구나 그로부터 배워야 한다고까지 부언한 것이다.

> 거물들 사이에서 새로운 혜택들이 옛 상처를 잊게 만들 수 있다고 믿는 사람들은 누구나 스스로를 기만한다. 그래서 공작은 그의 선택에서 실수를 범했고, 그 선택은 그의 궁극적인 파멸의 원인이었다.
>
> ─『군주』, 7장 (48)-(49)

반면 위에서 보듯, 우리는 체사레가 실패한 군주의 한 사람이라는 사실도 알게 된다. 비록 '갑작스러운 죽음'을 예측하지 못한 불운으로 모든 것을 정당화하려는 것 같지만, 마키아벨리는 체사레를 교황 율리우스 2세가 선출되도록 허용함으로써 자기의 몰락을 자초한 실패한 군주로 묘사하고 있는 것이다.

또 하나 놓쳐서는 안 될 사실이 한 가지 있다. 체사레가 아버지 교황 알렉산데르 6세의 후원과 프랑스의 군대를 통해 이탈리아의 맹주가 되었다는 점이다. 일반적으로, 마키아벨리의 '새로운 군주'는 밑바닥부터 시작해서 자기의 능력으로 권력을 잡은 인물들로 대표된다. 귀족 집안에서 태어나더라도, 최소한 시라쿠사의 히에론처럼 자기의 힘으로 일어선 사람이어야 한다. 이런 기준에서 볼 때, 체사레는 우리의 일반적 기대에 훨씬 못 미친다. 그가 최초로 이탈리아 권력의 판도에 뛰어들게 된 것도 알렉산데르 6세의 후원이 없었다면 불가능했고, 그가 중부 이탈리아를 장악하게 된 것도 프랑스 군대의 원조가 없었다면 상상조차 못 했을 일이었다. 따져 보면 알렉산데르 6세가 오히려 더 위대해 보인다. 왜냐하면 '기만'과 '외세'만으로 아들을 이탈리아의 맹주로 만들었기 때문이다.

그렇다면 마키아벨리는 '타인의 도움'으로 권력을 장악한 체사레로부터 무엇을 부각시키고 싶었을까?

[운과 타인의 군대로 군주가 된] 사람들은 그들에게 국가를 준 사람의 의지와 운에 의존하는데, 이 두 가지는 매우 변덕스럽고 불안정한 것들이다. 그들은 어떻게 할지 모르고, 그 지위를 유지할 수도 없다. 그들은 알지 못하는데, 왜냐하면 대단한 지능과 능력을 가진 사람이 아니라면, 그가 사사로운 운에 항상 기대어 살면서 어떻게 통솔하는지를 알아야 한다는 것이 온당하지 않기 때문이다. 그들은 그 지위를 유지할 수도 없는데, 그들은 그들에게 우호적이고 믿을 만한 세력이 없기 때문이다.

—『군주』, 7장 (3)

'다른 사람의 무력과 운'으로 권력을 잡았지만 자기의 역량으로 군주로서의 권위를 성공적으로 확립했다는 평가만으로는 충분하지 않다. 왜냐하면 이런 대답으로는 초자연적이고 초인간적인 능력의 소유자를 기다리는 헛된 열망으로부터 자기의 시대를 해방시키려던 마키아벨리의 의도를 전혀 파악할 수 없기 때문이다. 또한 플라톤 이후 지속되어 온 '철인왕'에 대한 논의로부터, 그리고 '신

을 닮아 가기(homoiosis theoi)'를 정치가의 목표로 앞세운 지식인들로
부터 벗어나려 했던 그의 진심을 읽을 수 없기 때문이다.

알렉산데르 6세가 그의 아들인 공작을 위대하게 만들려고 결심했
을 때, 그는 그 당시에도 그 이후에도 매우 많은 어려움에 처했다. 첫
째, 공작을 교황령이 아니고는 그 어떤 국가의 주인으로도 만들 수 있
는 길이 보이지 않았다. 그리고 그가 교황령을 취하고자 결정했을 때,
파엔차와 리미노가 오랫동안 베네치아인들의 보호 아래 있었기에 밀
라노 공작과 베네치아인들이 동의하지 않을 것을 알고 있었다. 게다
가 그는 이탈리아의 군사력, 특히 그가 이용할 수 있을 만한 모든 사람
들의 군대가 교황의 위대함을 두려워할 사람들의 손아귀에 있다는 것
을 알고 있었다. 오르시니 가문과 콜론나 가문, 그리고 그들의 추종자
들이 군사력을 갖고 있었기에, 그는 그것들을 신뢰할 수 없었다. 그래
서 그러한 질서들을 뒤엎을 필요가 있었고, 자기 스스로를 그들 중 일
부의 주인으로 확실하게 자리를 잡도록 하기 위해 이탈리아의 국가들
을 혼란에 빠뜨려야만 했다.

—『군주』, 7장 (10)-(13)

위에서 보듯, 체사레의 '타고난 운'도 실제로는 교황이라는 지
위를 이용한 '기만'이 가져다준 선물이었을 뿐이다. 그리고 '외세'
도 잘만 이용하면 자기의 역량이 될 수 있는 것이다. 이런 역설 속
에, 마키아벨리는 철인왕의 콤플렉스로부터 완전히 벗어난 '새로운

군주'의 모습을 그리고 있었던 것이다.

'다수'가 만드는 '평판'

『군주』 7장에서 마키아벨리는 체사레로부터 무려 열한 가지나 모방하라고 주문한다. "적들로부터 스스로를 지키는 것, 그 자신을 위해 친구들을 확보하는 것, 힘으로든 기만으로든 정복하는 것, 인민들이 자기를 사랑하거나 두려워하도록 만드는 것, 병사들이 자기를 따르고 존경하도록 만드는 것, 당신을 공격할 수 있거나 공격할 만한 사람들을 제거하는 것, 새로운 방식들을 통해 옛 질서들을 새롭게 하는 것, 가혹하면서도 상냥하고 위압적이면서도 관대해지는 것, 불손한 군대를 제거하는 것, 새로운 군대를 창설하는 것, 왕들과 군주들과의 동맹을 유지해 그들이 당신에게 호의를 베풀거나 아니면 당신을 공격하기를 주저하도록 유지하는 것"에서 체사레의 행동보다 '더 새로운 사례(più freschi esempli)'를 찾을 수 없다고 말하는 것이다.[102] 한편으로는 『군주』 3장의 정복군주를 연상시키는 목록이고, 다른 한편으로는 용병대장의 천박함이 묻어나는 생존 방식이다.

특히 우리의 주목을 끄는 것이 군주와 신민들의 관계다. 마키아벨리는 매우 상반된 행동을 동시에 연출하도록 조언한다. "사랑받거나 두려움의 대상이 되거나, 잔인함에 치를 떨게 하면서도 관대한 평판을 유지하라."고 주문한다. 아마도 당시 이탈리아 참주들은 '두려움'과 '잔인함'을 효과적으로 사용해야 한다는 말은 이해했겠지만, '군대'와 '외세'만으로는 더 이상 충분하지 않기에 어떤 방식으로든 '인민의 지지'를 확보해야 한다는 말을 납득하기가 쉽지 않았을 것이다. 그들 대부분은 인민의 지지를 통해서라기보다 정복군주처럼 무력을 통해 권력을 장악했기 때문이다. 따라서 '잔인함'이라는 단어가 불쾌하지는 않았겠지만, 당시 참주들은 기만을 통해서든 공포를 통해서든 인민이 자기들을 지지하도록 만들어야 한다는 조언이 의아했을 것이다. '자애로운 군주'가 되라는 것도 아니고, 자기들에게 너무나도 익숙한 나쁜 행동양식을 가지고 '인민의 지지'를 확보하라는 이야기니 말이다.

이런 맥락에서 마키아벨리가 『군주』 7장에서 소개하고 있는 '라미로(Ramiro de Lorqua)의 처형'은 새로운 군주가 어떻게 상반된 평판을 동시에 유지할 수 있었는지 보여 주는 좋은 예다. 우선 체사레가 평판을 얻는 과정이 전통적이지 않다. 마키아벨리에게 '전통적'인 방식으로 '평판(reputazione)'을 얻은 대표적 사례는 프랑스의 루이 12세. 『군주』 3장에서 보듯, 루이 12세는 밀라노를 합병한 후 다수 인민보다 소수 귀족을 만족시키는 데 최선을 다하고, 단지 알렉산데르 6세와의 약속을 지키기 위해 체사레에게 군대를 빌려 주는 실수를 범한다. 반면 체사레는 모든 면에서 정반대다.

체사레는 이전의 엄격함이 레미로에 대한 증오를 양산했다는 것을 알았기 때문에, 그 인민들의 마음을 가라앉히고 그들을 전적으로 자기편으로 만들고자, 그는 만약 어떤 잔인함이 자행되었다면, 이것은 그로부터 비롯된 것이 아니라 자신의 행정관의 거친 본성으로부터 나왔다는 것을 보여 주고 싶었다. 그리고 이 기회를 잡아, 그는 어느 아침 레미로를 두 동강을 내어 나무 조각 하나와 피 묻은 칼과 함께 체세나 광장에 두었다. 인민들은 이 광경의 잔인함으로 만족을 느끼면서도 멍해졌다(satisfatti e stupidi).

—『군주』, 7장 (27)-(28)

체사레는 '소수'가 아니라 늘 '다수'의 편에 선다. 로마냐 지방의 무질서를 폭력으로 잠재우려는 의도도 '좋은 정부(buon governo)'를 만들어 주려는 것이었고, '제왕적 힘(braccio regio)'이 필요하다는 판단을 한 것도 귀족들의 파벌싸움에 희생된 시민들의 비참한 삶때문이었다. 이런 취지의 행동을 하면서도, 체사레는 자신의 야망을 도덕이나 이타심으로 포장하려 하지 않는다. 게다가 잔인한 방식이나 기만적인 행동도 주저하지 않는다. '평판'이 곧 '정치적 힘'이라는 등식은 여전히 유효하지만, 체사레는 평판이 '도덕적 태도'를 통해 구성되지도, 구성되어서도 안 된다고 본 것이다.

'다수'의 지지

궁극적으로 마키아벨리의 체사레는 '좋은 평판'의 잣대를 '다수의 지지'에서 찾는다. 자기의 심복들 중 가장 '잔인하고 재빠른 인물'이었던 라미로의 통치가 인민으로부터 증오를 불러일으키자, 체사레는 인민들의 마음을 가라앉히고 그들을 전적으로 자기편으로 만들기 위해 라미로의 몸을 두 동강 내어 피 묻은 칼과 함께 광장에 보란듯이 전시한다. 라미로의 혹독함과 체사레의 잔인함은 겉으로 보기에는 전혀 차이가 없다. 그러나 전자가 다수의 분개를 초래했다면, 후자는 다수에게 큰 만족을 가져왔다. 동시에 전자의 '과도한 권위'는 '자의적'이라는 평판을 심어 주었다면, 시민법정을 설치해서 라미로의 죄를 공개적으로 물음으로써 후자의 '제왕적 권위'는 공정하다는 인상을 가져다주었다.

결국 체사레는 『군주』 18장에서 마키아벨리가 충고한 '결과를 본다.(si guarda al fine)'는 말을 가장 잘 이해한 군주였던 셈이다. 분열을 일으킨 '소수'에게는 잔인하게, 그 대신 지배받지 않고 안전하게 살기를 원하는 '다수'를 만족시켜야 할 이유를 몸소 보여 준 것이다. 다시 말해, 공동체의 존속과 다수의 행복을 가져올 때, 그리고 이러한 결과가 지속적으로 그 목적들을 위해 소용이 될 때, '잔인함'도 용인될 수 있다는 것을 분명히 보여 준 것이다. 그러기에 마키아벨리는 이 광경을 『군주』 7장에서 이렇게 적고 있다. 인민들은 "만족을 느끼면서도 멍해졌다."고 말이다. 인민들은 자기들의 요구

가 충족되었다는 만족감만큼이나 정치적 권위의 엄중함을 느끼게
되었다는 뜻이다.

생략과 웅변

『군주』를 읽다 보면 체사레가 마치 질병으로 죽은 것처럼 느끼
게 된다. 왜냐하면 『군주』에서는 체사레가 율리우스 2세에게 감금
당했다가 탈출해서 처남이 다스리는 북스페인의 나바라 왕국으로
간 것, 그곳에서 발생한 반란을 진압하기 위해 조직된 군대 사령관
이 된 것, 그리고 이 전쟁을 수행하는 과정에서 복병에게 공격을 당
해 참혹하게 숨졌다는 사실이 언급되지 않았기 때문이다. 그러나
우리는 마키아벨리가 체사레의 몰락을 오랫동안 적대적이었던 '소
수'의 말을 믿어 버린 '잘못된 선택(mala elezione)'에서 찾았다는 사
실을 망각해서는 안 된다.
체사레는 산안젤라 성에서 요양하고 있었지만, 주둔하고 있던
자신의 군대로 충분히 추기경들을 자기의 의도대로 움직일 수 있었
다. 그럼에도 불구하고 그는 군대의 위협 때문에 교황을 선출하는
데 어려움이 있다는 추기경들의 탄원을 받아들였고, 오랫동안 적대
관계에 있던 교황 율리우스 2세의 후원 약속을 믿었다. 바로 이 지
점에서 마키아벨리는 '타인의 운'으로 권력을 잡는 습관을 버리지
못한 채, 체사레가 또다시 '타인의 힘'에 자신의 운명을 거는 선택

을 했다고 한탄한다. 마키아벨리의 생략은 또 다른 의미의 웅변이
었던 셈이다.

14장
지롤라모 사보나롤라

무장한 모든 예언자들은 획득했고 무장하지 않은 사람들은 파멸당했다. 왜냐하면 지금까지 말한 것들 외에도, 인민들의 본성은 변덕스럽기 때문이다. 그들에게 무언가를 설득하기란 쉽지만, 그들을 설득된 상태로 유지하기란 어렵기 때문이다. 그래서 일들은 다음과 같은 방식으로 수행되어야 한다. 그들이 더 이상 믿지 않을 때, 강제로 그들을 믿게 만들 수 있어야 한다. 만약 모세, 키루스, 테세우스, 그리고 로물루스가 무장하지 않았다면, 우리 시대 지롤라모 사보나롤라 신부에게 일어났듯이 그들은 그들의 체제를 오랫동안 유지할 수 없었을 것이다. 사보나롤라는 대중이 그가 만든 제도들을 더 이상 믿지 못하자 몰락하고 말았다. 그는 믿었던 사람들을 확실히 붙잡을 방식도, 믿지 않는 사람들을 믿게 만들 방식도 갖고 있지 않았던 것이다.

—『군주』, 6장 (21)-(23)

시민들을 보호하는 다른 주요 법들 중, 사보나롤라가 어떤 법을 제정되도록 힘을 썼는데 이 법은 누구나 8인회나 시정위원회가 국사범으로 유죄를 선고한 경우에 인민들에게 호소할 수 있도록 하는 것이었다. 그는 오랫동안 강력히 권고했고, 크나큰 어려움 끝에 이 법을 획득했다. 이 법의 승인 후 곧 다섯 명의 시민들이 시정위원회로부터 국가 대사를 이유로 사형을 선고받았고, 그들이 인민에게 호소하려 했지만 허락되지 않았던 일이 일어났다. 이 법이 지켜지지 않은 것이다. 다른 어떤 사건보다 그것만큼 수도사의 평판을 훼손한 것은 없었다. 왜냐하면 소청 제도가 유익하면, 반드시 준수되어야 했기 때문이다. 만약 유용하지 않다면, 그는 그 법을 통과되도록 하지 말았어야 했다. 이 사건은 그 법이 위반된 이후 행해진 수많은 설교에서 수도사가 법을 어긴 사람들을 비난하지도 용서하지도 않았기에 더 주목을 받게 되었는데, 마치 그 일이 그의 목적에 부합되기에 비난하길 원하지는 않지만 그렇다고 용서할 수도 없었던 것 같았기 때문이다. 그의 야심만만하고 파당적 정신이 노출되었기에, 그는 명성을 잃었고 그에 대한 비난이 커졌다.

—『강의』, I권 45장 (9)-(11)

새로운 예루살렘

1498년 5월 23일 아침, 수도사 지롤라모 사보나롤라와 그를 따르던 두 명의 도미니코회 수도사들이 피렌체의 시뇨리아 광장에서 화형에 처해졌다. 이들의 죽음과 함께, 지난 4년 동안 피렌체를 사로잡았던 '새로운 예루살렘(Nuova Gierusalemme)'이라는 꿈도 훗날을 기약하며 역사의 뒤안길로 사라졌다. 이미 4월 19일 사보나롤라의 재판이 있었던 날, 루카 란두치(Luca Landucci)는 "그토록 고생해서 쌓아 올린 구조물이 순식간에 무너져 내린 비통한 날"이라고 자신의 일기에 기록했다. 그리고 "어떻게 새로운 예루살렘과 같은 피렌체인의 꿈이 한갓 거짓말(una sola bugia) 위에 세워질 수 있었느냐."고 한탄했다.[103] 아마도 수도사가 화형장의 재가 되어 버린 날, 피렌체 시민이라면 누구나 이렇게 되물었을 것이다.

그러나 마키아벨리는 사보나롤라가 등장한 시점부터 몰락까지 그의 예언을 거짓말이라고 확신하고 있었다. 다만 『강의』 I권 11장에서 보듯, 마키아벨리는 애당초 사보나롤라가 "신과 이야기를 했다는 것(che parlava con Dio)"에 대해 판단하고 싶지도 않았다.[104] 로마의 종교를 만든 누마(Numa)처럼 요정과 이야기를 했다고 거짓말하는 것 따위는 필요하다면 할 수 있는 기만에 불과했던 것이다. 그 대신 그가 비난한 문제들은 매우 정치적인 것들이었다. 시민들의 정의감을 '시민적 자유'와 '공동체 존속'과는 전혀 상관없는 불필요한 목적에 분출시켜 완전히 소진시켜 버린 것, 그리고 스스로가 제정한 법을 위반함으로써 자기의 통치를 '정치적 권위'의 행사가 아니라 '물리적 힘'의 행사로 인식시켰다는 것이었다.

그래서인지 마키아벨리는 단 한 번도 사보나롤라의 예언을 믿은 피렌체 시민들을 비난하지 않았다. 무식하다거나 천박하다고 비난하지도, 이렇듯 한심할 수 있냐고 한탄하지도 않았다. '허영의 소각(Falò delle Vanità)'과 같은 불필요한 집단행동, 그리고 방향도 없이 휘둘러 대던 증오의 주먹질은 전적으로 사보나롤라와 그를 따르던 정치 지도자들의 잘못이다. 정치는 결국 '파당적' 이익의 관철일 뿐이라는 편견을 심어 주고, '법'이 아니라 '힘'이 해결책이라는 인식을 시민들에게 각인시킨 당연한 결과라는 것이다. 어쩌면 마키아벨리는 사보나롤라를 무장했더라도 실패할 수밖에 없었던 예언자로 간주했을지도 모를 일이다.

분노와 희망의 협주곡

사보나롤라의 고향은 볼로냐에서 조금 떨어진 이탈리아 동부의 페라라다. 이탈리아 건축가 비아조 로세티의 손길이 스쳐간 도시의 구석구석이 찾아오는 이들에게 르네상스 시대의 인간미에 흠뻑 젖도록 만드는 낭만적인 곳이다. 이곳에서 사보나롤라는 상인의 기질과 박물학자적 근성을 지닌 가문에서 일곱 명의 아이들 중 셋째로 태어났다. 최초에 그는 할아버지를 따라 의사가 되려고 했지만, 어려서부터 뛰어난 시적 감성을 지닌 터였던지 성서 연구에 심취해서 결국 도미니코회 수도사가 되었다. 토마스 아퀴나스에 정통한 신학자로서 길을 버리고, 1482년 갑자기 피렌체 산마르코 수도

원의 강사로 자리를 옮긴다. 페라라 사투리와 학자적 태도 때문에 그의 설교와 강의는 별로 인기가 없었다. 그러나 1486년 사순절 설교에서, 이미 그의 신앙고백은 '계시적 환상'으로 가득 차 있었고, 기독교회의 '진정한 회계'에 대한 그의 요구는 도발적인 수준에 이르러 있었다.

1487년에 신학 강의를 하러 볼로냐로 돌아갔던 사보나롤라를 다시 피렌체로 끌어들인 것은 흥미롭게도 로렌초 메디치였다. 1490년 로렌초가 사보나롤라를 피렌체로 데려왔을 때, 그는 강단을 떠나 작은 도시들을 돌아다니며 대중 설교를 하고 있을 무렵이었고, 이를 통해 쌓은 명성이 로렌초의 후견을 받고 있던 철학자 피코 미란돌라(Pico della Mirandola)의 귀에까지 들어간 것이다. 피코는 사보나롤라의 로마 교회에 대한 비판을 높이 평가했고, 로렌초에게 사보나롤라를 통해 메디치 가문의 신앙심을 과시하라고 충고했다. 그러나 로렌초의 기대와는 달리, 1년 후 산마르코 수도원장으로 선출되자마자 사보나롤라는 로마 교회의 부패에 대한 비난과 함께 메디치 일가의 폭정에 대해서도 거침없이 독설을 뿜어내기 시작했다.

1492년 로렌초가 죽기 전부터, 사보나롤라의 설교는 많은 청중들을 몰고 다녔다. 그의 설교를 들으려는 청중이 너무 많아서 산마르코 성당에서 산타마리아 대성당으로 자리를 옮겨야 했을 정도였다. 이탈리아와 피렌체의 부패를 씻기 위한 '신의 칼(la Spada di Dio)'이 곧 내려올 것이라는 경고에 많은 사람들이 교회로 발길을 옮겼고, 로렌초의 뒤를 이은 피에로 메디치(Piero di Lorenzo de' Medici)의 무능은 사보나롤라의 메디치 가문에 대한 비난에 점차 큰 힘을 실어 주고 있었다.[105] 그러기에 1494년 8월 프랑스 샤를 8세가 나폴리 왕국의 상속권을 내세워 이탈리아로 쳐들어왔을 때, 시민들이 사보나롤라의 예언이 적중했다고 믿었던 것도 무리가 아니었다.

사보나롤라의 정치 개입

피렌체 시민들은 피에로 메디치가 샤를 8세에게 나폴리로 향하는 길을 내어달라는 요구에 굴복한 것을 외교적인 승리로 보지 않았다. 비록 많은 도시들이 샤를 8세에게 성문을 열어 주었지만, 피에로가 우왕좌왕하는 사이 피렌체에 복속되어 있던 항구도시 피사가 독립을 선언한 것이 치명적이었다. 1494년 10월 샤를 8세의 군대가 피사에 주둔하자, 피렌체 귀족들은 이미 프랑스파와 교황파로 분열되었고, 피렌체에는 표면적인 반(反)프랑스 정책과는 달리 피에로가 샤를 8세와 동맹을 맺었다는 소문이 회자되기 시작했다. 그리고 10월 26일 피에로가 샤를 8세의 군영을 찾아갔다가 붙잡혀 항복에 가까운 조건에 동의했을 때, 메디치 가문에 대한 피렌체 시민들의 분노는 더 이상 되돌릴 수 없는 소용돌이가 되었다.

11월 5일 수천 명의 프랑스 군인들이 피렌체로 밀려 들어와 지정되지 않은 가옥까지 차지하고, 부자고 가난한 사람이고 닥치는 대로 약탈하며 행패를 부리자, 피렌체 시민들은 참을 수 없는 치욕에 휩싸이게 되었다. 급기야 피렌체의 실질적인 통치체인 시뇨리아 (Signoria)는 원로들의 '회합(pratica)'을 소집해서 메디치 통치의 종식을 알렸고, 상원(上院) 격인 100인 위원회는 피렌체가 진정 공화정을 회복했음을 확인했다. 아울러 사보나롤라를 필두로 한 특사를 샤를 8세에게 파견해서 메디치 가문이 취해 온 반(反)프랑스 정책을 비난하고, 피렌체에서 자행되고 있는 약탈을 멈춰달라는 요구를 전달하기로 한다. 이때부터 사보나롤라는 피렌체 정치의 핵심으로 떠오르게 되었고, 11월 9일 피렌체로 돌아온 피에로는 거리로 쏟아져 나온 시민들의 '인민과 자유(Popolo e Libertà)'라는 분노의 목소리에 둘러싸여 망명길에 오르게 된다.

사보나롤라에 대한 시민들의 믿음은 11월 17일 샤를 8세의 피렌체 입성 이후 더 강화된다. 시민들은 샤를 8세를 열렬히 환영했지만, 두려운 눈으로 그의 일거수일투족을 바라보고 있었다. 실제로 샤를 8세는 시민들보다 메디치 가문을 조종하는 것이 더 쉽다는 생각을 갖고 있었고, 피에로의 아내인 알폰시나 오르시니(Alfonsina Orsini)가 샤를 8세의 고문관들을 매수했다는 소문이 돌고 있었다. 이때 사보나롤라는 피렌체 시민들의 사랑을 한 몸에 받는 업적을 하나 더 이루어 낸다. 11월 21일 샤를 8세와 피렌체 시민들의 갈등이 극단으로 치달을 때, 사보나롤라가 "신으로부터 부여받은 사명을 잊지 말라."는 당부로 샤를 8세를 설득해 낸 것이다. 피사의 회복, 성채의 복원, 보조금 삭감, 프랑스 군대의 이동 등, 피렌체 시민들이 갈급하던 내용들이 모두 담긴 합의를 얻어낸 것이다.

'예언자'냐 '참주'냐

11월 28일 샤를 8세가 피렌체를 떠난 이후, 사보나롤라를 추종하는 세력들이 피렌체의 권력을 움켜쥐었다. 그러나 처음부터 사보나롤라의 종교적이고 도덕적인 정치 개혁은 어려움에 봉착해 있었다. 그가 약속한 '새로운 예루살렘'은 너무나도 보편적인 기독교 세계관을 담고 있었던 반면, 피렌체 시민들이 원하던 바는 '시민적 자유'의 회복이라는 피렌체만의 특수한 환경에서 시작된 것이었다. 그리고 그의 궁극적인 목표는 '종교적 회개'를 통한 기독교 신앙의 회복이었지만, 시민들이 진정 필요하다고 느끼고 있던 것은 하루하루 먹고살 '빵'이었다. 따라서 하나님이 피렌체를 통해 세상을 새롭게 하려 한다는 설교가 시민들에게 큰 감동을 준 것은 사실이었지만, 시민들이 더 보고 싶었던 것은 "피렌체가 더 부유해지고, 더 강해지며, 더 영광스러워질 것"이라는 예언이 실현되는 순간이었다.

그러기에 시간이 가면 갈수록 사보나롤라의 설교는 점점 격렬해지고, 그의 도덕적 가르침에 시민들은 점차 무료해져 갔다. 메디치 가문의 독재를 가능하게 했던 기구들의 폐지, 옛 공화정에서 운영되었던 여러 기관의 부활, 그리고 대평의회(Consiglio Maggiore)에 보다 많은 시민들이 참여하게 된 것들은 큰 환영을 받았다. 1494년 12월 사보나롤라가 이 모든 개혁을 신의 작품이라고 말했을 때, 새로 만들어진 '인민의 정부(governo popolare)'를 메디치 가문의 하수인이었다가 사보나롤라의 추종자로 변신한 피에로 카포니(Piero

Capponi)와 프란체스코 발로리(Francesco Valori)의 야망이 빚어낸 결과라고 반문할 사람도 없었다. 그러나 1495년 알렉산데르 6세를 중심으로 나폴리를 점령한 샤를 8세에 대항한 동맹이 형성되고, 이에 놀란 프랑스 군대가 회군한 시점부터 사보나롤라의 권위가 흔들리기 시작했다. 신의 약속은 멀어졌고, 믿었던 프랑스가 도망가자, 사보나롤라도 시민들의 냉정한 평가를 받기 시작한 것이다.

마키아벨리는 『군주』 6장에서 사보나롤라를 두고 "무장한 모든 예언자들(tutti e' profeti armati)은 획득했고, 무장하지 않은 사람들은 파멸당했다."고 말한다. 그리고 "설득하기란 쉽지만, 설득된 상태를 유지하기란 어렵다."라는 말, 더 이상 믿지 않을 때 '강제로(per forza)' 믿게 만들 수 있어야 한다는 충고, 그리고 성경에 나오는 모세도 자기를 따르지 않는 이스라엘 사람 3000명을 도륙했다는 예를 덧붙인다. 그러나 마키아벨리의 '무장하지 않은 예언자'에 대한 이야기는 왜 피렌체 시민들이 더 이상 사보나롤라를 믿지 못했는지를 우리에게 일러 주지 않는다. 어떤 이유에서 피렌체 시민들이 더 이상 사보나롤라의 통치에 신뢰하지 않았는지를 알기 위해서는 『강의』을 살펴봐야 한다.

마키아벨리가 『강의』 I권 45장에서 밝힌 사보나롤라의 몰락은 '통치' 그 자체에서 시작되었다. 사보나롤라의 권고로, 의회는 국사범으로 유죄를 선고받은 죄인들에게도 인민에게 호소할 수 있는 권리를 갖도록 하는 법안을 오랜 진통 끝에 통과시킨다. 그러나 이 법이 승인되고 얼마 후, 사보나롤라의 정적들이 국사범으로 사형을 선고받았을 때, 그는 그를 따르던 발로리가 이들의 소청 권리를 박탈한 사실을 묵인하고 만다. 자기가 만든 법을 자기가 어겼다는 인상을 시민들에게 심어 준 것이다. 이 지점에서 마키아벨리는 사보나롤라의 몰락은 인민들이 변덕스러워서가 아니라 인민들이 그를 신뢰할 수 있는 기반을 스스로가 훼손했기 때문이라고 말한다. 사보나롤라의 정치도 파당적 이익에 불과하다는 체념, 이로부터 '허영의 소각'으로 이미 소진된 정의감이 그에 대한 반감으로 증폭되었을 뿐이라는 것이다.

15장
히에론과 브루투스

역사가들은 사사로운 개인이었던 때의 시라쿠사인 히에론을 왕이었던 때의 마케도니아인 페르세우스보다 더 칭찬합니다. 왜냐하면 히에론은 군주정(il principato)을 제외하고는 군주가 되는 데 부족함이 없었던 반면, 페르세우스는 왕국(il regno)을 제외하고는 왕으로서 어떤 요소도 갖추지 못했기 때문입니다.

—『강의』, 헌정사 (10)

역사가들이 그를 특별히 찬양하는 것을 듣더라도, 그 어느 누구도 카이사르의 영광 때문에 자기 스스로를 기만해서는 안 된다. 왜냐하면 그를 칭찬하는 사람들은 그의 운 때문에 부패했고, 역사가들에게 그에 대해 자유롭게 말하는 것을 허용하지 않았던 그의 이름으로 통치한 제국이 지속되는 데 놀랐기 때문이다. 그러나 만약 그 역사가들이 자유로웠다면 그에 대해 무엇을 이야기했을까 알고자 하는 사람들은 누구나 그들이 카틸리나에 대해 말하는 바를 살펴보아야만 한다. 카이사르는 악을 행하려고 했던 사람보다 악을 행했던 사람이 더 비난받아야 하는 것과 마찬가지로 비난받아 마땅하다. 그는 얼마나 그들이 브루투스를 찬양하는지도 알게 될 것이다. 마치 그의 권력 때문에 카이사르를 비난할 수 없었던 것처럼 말이다.

—『강의』, I권 10장 (12)-(15)

그는 아주 멀리 떨어져 있는 곳을 맞추려는 신중한 궁수들과 마찬가지로 행동해야 한다. 신중한 궁수들은 자신들의 활의 세기가 어느 정도인지 파악하고, 노리는 곳보다 훨씬 더 높이 조준한다. 그들의 화살이 그렇게 높이 도달하도록 하려는 것이 아니라, 그만큼 높이 조준함으로써 그의 계획을 성취할 수 있도록 돕기 위한 것이다.

—『군주』, 6장 (3)

사실과 허구

마키아벨리의 저술을 읽으면서 가끔 당황할 때가 있다. 마키아벨리가 말하는 역사적 사실이 과장이나 왜곡을 넘어 완전히 허구라는 것을 알게 된 경우다. 특히 그가 특정 인물의 행적을 모방해야 한다고 주문할 때, 역사적 기록과는 전혀 다른 내용들이 사실처럼 기술되는 것을 우리는 자주 보게 된다. 『군주』 14장에 등장하는 키루스 2세가 좋은 예다. 역사가 헤로도투스에 의하면, 키루스는 마사게타이의 여왕 토미리스에게 붙잡혀 수치스럽고 처참하게 목숨을 잃는다.[106] 그러나 마키아벨리의 키루스는 정복 가능한 모든 땅을 정복한 후에 평화롭게 눈을 감는다. 크세노폰의 『키루스의 교육』에 등장하는 키루스의 생애가 역사적 사실처럼 기술된 것이다.[107]

　'사실'과 '허구'를 넘나드는 마키아벨리의 서술을 단순한 실수로 간주하거나 수사적 과장으로 치부할 수는 없다. 왜냐하면 그의 '허구'는 '실수'나 '과장'이 아니라 기획이기 때문이다. 사실 그가 사용하거나 인용하는 '허구'는 의도된 것이고, 설득하려는 대상이 반드시 모방해야 할 '행동' 또는 이러한 행동을 유발하는 '판단 근거'를 담고 있다. 그리고 역사적 사실만큼이나 그가 윤색하거나 꾸며낸 '위대한 인물들'의 행적에 스스로가 전달하려 했던 교훈이 담겨 있다. 그러기에 『군주』 14장 말미에, 그가 '크세노폰이 쓴 키루스의 삶(la vita di Ciro scritta da Senofonte)'을 스키피오(Scipio Africanus)가 모방했다고 말하는 것이 전혀 어색하지 않다. 단지 『군주』 6장에서 모방해야 할 인물들 중 하나로 언급된 키루스가 실존했던 인물을 말하는 것인지 아니면 가상의 인물인지가 혼동될 뿐이다.

'모방할 수 있는' 위대함

　이런 맥락에서 볼 때, 우리가 주목해야 할 두 명의 정치 지도자가 있다. 바로 '히에론(Hieron II)'과 '브루투스(Lucius Junius Brutus)'다. 마키아벨리는 전자를 『군주』에서, 후자를 『강의』에서 반드시 모방해야 할 인물로 제시한다. 흥미로운 점은 두 인물 모두 '위대한 인물'의 반열에 오를 정도는 아니라는 것이다. 『군주』 6장에 소개된 '가장 위대한 선례들(grandissimi esempli)'과 비교할 때, 두 사람은 위대한 행적이나 신화적 요소를 갖추었다고 보기 어렵다. 비록 두 사람 모두 새로 나라를 세웠지만, 알렉산드로스 대왕이 흉내를 낸 아킬레스와 같이 인간의 능력으로는 근접할 수 없는 위대함도, 스키피오가 모방한 키루스와 같이 범상치 않은 도덕성도, 그리고 모세나 로물루스처럼 신앙이나 신화로 채색된 이야기도 없다. 그 대신 누구나 모방할 수 있을 정도의 위대함만이 발견되는 것이다.

물론 마키아벨리는 『군주』 6장에서 '잠재적 군주'는 진심으로 신앙과 신화 속에 존재하는 인물을 닮으려고 노력해야 한다고 말한다. 멀리 떨어져 있는 과녁을 조준하는 '신중한 궁수들(gli arcieri prudenti)'처럼, 일반적인 기대보다 더 높이 조준해야 한다는 것이다. 그러나 엄밀하게 살펴보면, 그는 '위대한 인물들'의 행적은 모방할 수 있는 수준의 것이 아니라는 점을 알고 있다. 그러기에 그는 위대한 인물을 모방하라는 충고 속에 다음과 같은 당부도 함께 전달한다. 알렉산드로스 대왕이 자기가 건설한 제국을 지키기 위해 신의 아들인 아킬레스처럼 행동한 것같이, 신화와 신앙도 '계획'과 '목적'을 성취하기 위해 이용할 줄 알아야 한다는 것이다. 동일한 맥락에서, 실제로 나라를 세우기 위해서는 다름 아닌 히에론과 브루투스와 같은 인물들의 행동을 주목하라고 거듭 강조하는 것이다.

히에론 2세

마키아벨리는 『군주』 6장에서 히에론을 '별로 중요하지 않은 사례(uno esemplo minore)'의 하나로 소개한다. 그러나 사실은 그렇지 않다. 『강의』의 헌정사에서 보듯, 그는 히에론을 왕이 되기 전부터 "권력을 제외하고는 군주로서 모든 자질을 갖추고 있었던" 인물로 간주했다. 그리고 『군주』 13장에서 보듯, 그는 히에론을 인민들에 의해 왕이 된 후 막강한 로마공화정을 상대로 시라쿠사를 지켜낸 탁월한 정치가로 묘사한다. 즉 잠재적 군주가 새로운 군주의 과거형이듯, 히에론은 새로운 군주가 되고자 하는 잠재적 군주가 반드시 본받아야 할 미래형이었던 셈이다. 바로 이 지점에서 마키아벨리는 히에론을 자기가 꿈꾸던 '새로운 군주'의 전형으로 윤색한다. 신민에게는 자애롭고 전쟁에선 용맹한 '모범적 군주'가 아니라, '인민의 지지'를 통해 권력을 잡은 '새로운 군주'처럼 묘사하는 것이다.

실제로 히에론은 '인민의 지지'를 통해 왕이 되었다. 아가토클레스가 한때 고용했던 캄파니아 출신의 마메르티니 용병들이 그의 사후에 메시나를 장악해 시라쿠사를 위협하자, 두려움에 사로잡힌 시라쿠사인들은 히에론을 대장으로 메시나에 군대를 파견했다.

이 전쟁에서 히에론은 지금의 밀라초 부근 전투에서 용병들을 무찔렀고, 시라쿠사의 인민들은 이 전쟁 영웅을 왕으로 옹립한다. 따라서 마키아벨리가 『군주』 6장에서 강조하고 있는 '인민의 우두머리(capitano)'라는 표현은 특별한 것도 없다. 그러나 '인민의 지지'를 마치 운명의 여신이 부여한 '기회(la occasione)'라고 묘사한 것은 주목할 필요가 있다. 표면적으로는 '인민의 지지'를 받을 수 있는 기회가 '외세의 위협'에서 비롯되었다는 설명이지만, '인민의 지지'가 곧 새로운 군주가 갖추어야 할 중요한 조건이라는 이야기도 되기 때문이다.

보다 중요한 것은 히에론의 '잔인함'과 '기만'을 다룬 『군주』 13장이다. 마키아벨리는 폴리비오스의 『역사』 I권을 자기가 원하는 방식대로 수정한다.

시라쿠사인들에 의해 히에론이 군대의 우두머리가 되었을 때, 그는 즉각 시라쿠사인들의 용병부대가 쓸모없다는 것을 알았다. 왜냐하면 그들은 우리 이탈리아인 용병대장들 같았기 때문이다. 그는 그들을 데리고 있기도 내버려 두기도 어렵다고 생각했기에, 그들 모두를 박살내고, 그 후에는 다른 사람들의 것(le aliene)이 아니라 자기 자신의 군대(le arme sua)로 전쟁을 치렀다.

—『군주』, 13장 (14)

폴리비오스에 따르면, 히에론은 시라쿠사가 고용한 용병들이 마메르티니에게 도륙되도록 의도적으로 내버려 두고, 이후 시라쿠사 시민들과 자기가 새로 모집한 용병들을 가지고 전쟁을 치른다. 마키아벨리는 폴리비오스의 기록을 대부분 받아들이지만, 히에론이 새로 용병을 모집한 사실과 이들을 통해 도시를 통치했다는 사실은 철저하게 숨긴다. 히에론이 조직한 '자신의 군대'가 용병이었다는 사실을 숨기고, 마치 시민들로 구성된 군대를 통해 도시를 통치한 것처럼 기술한 것이다. 결국 마키아벨리가 "획득하는 데는 극심한 어려움(durò)을 겪어야 했지만, 유지하는 데는 어려움이 거의 없었다."는 말은 '인민의 지지'를 강조하기 위한 의도적 왜곡인 것이다.[108]

루키우스 브루투스

마키아벨리는 『강의』 3권 2장에서 로마공화정을 세운 브루투스를 '가장 신중한 사람'의 하나로 묘사한다. 특히 마키아벨리는 외숙부인 타르퀴니우스(Tarquinius Superbus)의 치하에서 브루투스가 멍청이처럼 행동한 것에 대해 그 누구에게서도 볼 수 없는 지혜로운 처신이었다고 극찬한다. 그래서인지 마키아벨리의 브루투스는 리비우스의 『로마사』에서 찾아볼 수 없는 계획을 가진 주도면밀한 인물로 묘사된다.

부루투스만큼 신중한 사람은 결코 없었으며, 그가 뛰어난 업적을 위해 바보처럼 위장한 것만큼 슬기로웠다고 칭송받아야 할 것도 없다. 비록 리비우스는 브루투스가 그렇게 위장한 것을 더 안전하게, 그리고 상속 재산을 유지하기 위해서라는 단지 한 가지 이유만 제시하지만, 그럼에도 불구하고 그의 일처리 방식을 고려한다면 [조금 다르게 이해된다.] 즉 그가 이런 위장을 한 것이 덜 눈치를 채도록, 그래서 기회(occasione)가 생기면 왕들을 박살내고 그의 조국을 해방시키기 용이한 상황(commodità)이 더욱 많이 생기도록 했다는 것도 믿을 수 있다.

— 『강의』, 3권 2장 (2)-(3)

위에서 보듯, 마키아벨리는 브루투스가 스스로의 안위를 지키기 위해서만 멍청함을 위장한 것은 아니라고 말한다. 주위의 시선을 피해 불필요한 폭군의 견제로부터 스스로를 방어하고, 이를 통해 보다 손쉽게 '폭군을 몰아내고 그의 조국을 해방시킬' 기회를 노리던 인물로 브루투스를 그리는 것이다.

동일한 전제에서 마키아벨리는 브루투스를 "자기의 군주에게 불만을 가진 사람들이 반드시 모방해야 할" 인물로 제시한다. 동시에 브루투스의 일거수일투족은 모두 의도된 것으로 해석한다. 아폴로 신전에서 넘어진 것도 자신의 계획에 신의 가호가 있기를 바란 행위이고, 타르퀴니우스의 아들로부터 정절을 잃고 자살한 루크레티아의 주검에서 그녀의 남편이나 가족보다 먼저 칼을 뽑아 들 수 있었던 것도 치밀한 계산의 결과다. 여기에서 마키아벨리는 브루

투스의 '위장술'을 마치 안토니오 그람시(Antonio Gramsci)가 말하는
'진지전(la guerra de posiciones)'과 같은 의미로 설명한다. 그리고 군주
와 '공개적인 전쟁(guerra aperta)'을 할 역량이 없는 경우, 브루투스와
같이 스스로의 힘을 키우면서 권력의 주변에서 기회를 엿봐야 한다
고 주문한다.

홍선대원군을 연상시키던 브루투스가 '공화주의' 지도자의 전
형으로 완전히 각색되는 부분은 『강의』 3권 3장이다. 여기에서 마
키아벨리는 브루투스의 잔인하리만큼 철저한 '조국에 대한 사랑'
을 자신이 보좌했던 피에로 소데리니의 멍청하리만큼 '우유부단했
던 소심함'과 비교하고 있다.

브루투스가 자신이 로마에서 획득한 자유를 유지하면서 보여 준
잔인함(severità)만큼 필연적으로 유용한 것은 없다. 아버지가 재판관들
앞에 앉아 그의 아들들에게 사형이 언도되는 것뿐만 아니라 그들이
처형되는 것까지 본 것은 모든 기억들 속에서 참으로 드문 본보기(uno
esemplo raro)이다. 이것은 고전들을 읽은 사람들 누구나에게 잘 알려진
것으로, 국가를 바꾼 이후, 공화정에서 참주정으로든 참주정에서 공화
정으로든 간에, 기억에 남을 처형은 새로운 국가의 적들에게 필수적
이다. 누구든지 참주정을 세우고 브루투스를 죽이지 않은 사람은, 그
리고 누구든지 공화정을 세우고 브루투스의 아들들을 죽이지 않은 사
람은, 스스로를 잠깐이라도 지킬 수 없다. 그리고 이 주제는 벌써 장황
하게 논의했으므로, 나는 여기에서 현재 우리 조국에서 기억할 만한

예를 하나 들고자 한다. 바로 피에로 소데리니다. 그는 인내(pazienza)와 선행(bontà)으로 브루투스의 아들들이 품은 [공화정]을 전복하려는 탐욕을 극복할 수 있으리라고 믿었고, 그래서 그는 스스로를 기만했다. 비록 그는 그의 신중함을 통해 이 필연성을 인식하고 있었지만, 그리고 운명과 그를 공격한 사람들의 야망이 그에게 그들을 제거할 기회를 주었지만, 그럼에도 불구하고 그는 결코 그러한 행동을 하려고 마음먹지 않았다.

—『강의』, 3권 3장 (2)-(7)

마키아벨리는 특히 브루투스가 공화정에 반기를 든 자신의 두 아들을 처형한 사건을 부각시킨다. 공화정이 수립되자마자, 출세의 길이 막혔다고 생각한 귀족 자제들의 음모가 발생하고, 브루투스는 음모에 연루된 자기의 아들들을 처형하면서까지 철저하게 정치적 권위의 준엄함을 모두에게 각인시킨다. 마키아벨리는 이 사건을 '새롭게 획득된 자유'를 유지하기 위해 '필요했던' 조치였다고 말한다. 반면 그는 소데리니가 불필요한 '인내'와 '선의'로 메디치 가문의 귀환을 노리던 귀족들이 자유를 찬탈하도록 방치했다고 지적한다. 지도자의 무능이 피렌체 시민들을 노예 상태로 이끌었다고 탄식하는 것이다.

'가능성'의 미학

아리스토텔레스도 '좋음(agathon)'만큼이나 '유용함(chresimos)'을 고려했고, '군사적 탁월함'과 정치적 탁월함을 정치체제가 지향해야 할 목적들 중 하나로 보았다. 그러나 아리스토텔레스는 군사적인 요소와 정치적인 요소만 강조되면, 통치는 더 이상 '법(nomoi)'에 의한 것이 아니라 단지 '지배(to kratein)'하기 위한 것에 불과하다고 생각했다. 이런 아리스토텔레스의 정치사상을 충실히 따른다면, 누구도 "좋은 군대(buone arme)가 있으면 좋은 법체계(buone legge)가 반드시 있다."고 말할 수 없다. 그러나 마키아벨리는 『군주』 12장에서 한 치의 주저함도 없이 그렇게 말한다. '좋음' 또는 '행복'을 '올바르게 사는 것'이 아니라 '사는 것'과 연관시키고, 좋은 법체계의 기초를 '올바름'을 지향하는 '영혼의 요청'이 아니라 '전쟁'과 '갈등'을 통해 체득한 '필연성'에서 찾는 철학자이었기에 더욱 그러했던 것이다.

그래서인지 『강의』 I권 3장에서 마키아벨리는 미래의 지도자에게 다음과 같이 당부한다. 공화정을 세우거나 법을 제정할 때, 인간은 언제든지 '사악한 정신(la malignità dello animo)'을 사용할 수 있다는 것을 '전제해야(presupporre)' 한다고 말이다.[109] 비록 인간이 악하다고 단정한 것은 아니지만, 시민적 자유를 되찾거나 지키려고 마음먹은 정치가는 무엇보다 '인간의 사악하고 게으른 속성'을 꿰뚫어 볼 수 있는 통찰력이 필요하다고 주문한 것이다. 그리고 마키아벨리는 I권 4장에서 이렇게 부언한다. 이런 통찰력이 없으면, 정치가는 '좋은 법'도 '좋은 군대'도 만들 수 없고, '갈등'을 통해 '좋은 법'이 만들어진다는 사려도 갖지 못하며, 결국 시민적 자유도 지킬 지혜도 갖지 못한다고 말이다.

그러나 마키아벨리에게도 공화주의 정치가의 전형은 '사는 것'에 대한 지식과 구별되는 시적 상상력 속에서 그려진다. 그도 '영원한 것'에 대한 철학적 고민과 '있었던 일'에 대한 역사적 기술을 시적 상상력이 중재할 수 있다고 믿었고, 시적 상상력만이 가능하게 해 주는 '개연성'의 세계에 대한 기대를 걸었던 것이다. 스키피오가 헤로도투스의 키루스보다 크세노폰의 키루스를 모방했다고 말하고, 공식적인 보고서에서는 거만하고 잔인한 인간으로 묘사했던 체사레를 『군주』에서는 새로운 군주의 전형으로 전환시킨 것에서 알 수 있듯이, 그는 시적 개연성이 만들어 내는 가능성에 희망을 품었던 것이다. 그러기에 그에게 본받아야 할 위대한 인물의 행적은 숙련된 기술이나 확정된 지식이 아니라 구체적 상황에서 표출된 가능성의 미학, 즉 시적 구성으로 재탄생된 '신중함'의 역사여야 했던 것이다. 어쨌든 그가 기다리던 지도자는 시적 상상력이 아니고서는 동시대인들이 결코 꿈꿀 수 없는 인물이었을 것이다.

에필로그

1

공화주의의 역사를 돌이켜 보면, '비관주의'가 팽배할 때마다 등장하는 특이한 정치적 태도가 있다. 바로 카이사르와 나폴레옹과 같은 참주의 출현을 사회 전반의 총체적 부패와 연관시키고, 이들의 출현을 방기한 정치가들을 모두 개인적 탐욕에 매몰된 선동가로 치부하는 것이다.[110] 로마공화정의 말기가 그러했고, 프랑스혁명 이후도 그러했다.

마키아벨리는 바로 이러한 '비관적 도덕주의'의 이면에 존재하는 '악'을 두 가지 잘못된 정치적 결과와 등치시킨다. 하나는 무분별한 폭력의 행사다. 그는 '도덕'을 전면에 내세운 비관주의는 정치뿐만 아니라 인간도 부정한다는 역사적 경험들을 냉정하게 바라보기를 원했다. 또 다른 하나는 정치적 무관심이다. 그는 '좌절'의 종착 지점이 '정치에 대한 환멸'로 귀결되는 피렌체의 반복된 실패를 바로잡고 싶어 했다.

그러기에 마키아벨리는 한 사람의 절대적 권력으로 모든 사회 계층을 통제하려는 의도에 대해 적대적이다. 비록 카이사르가 등장할 수밖에 없었던 로마공화정 말기의 상황을 누구보다 냉정하게 바라보지만, 무솔리니처럼 카이사르의 출현을 모방하는 인물들의 기만을 방관하지 말라고 주문한다. 그리고 '권력을 얻기 위한 싸움'으로 정치를 정의하는 입장을 배척하지는 않지만, 정치를 부도덕하다고 선전함으로써 인간적 흠결을 정치적 이념 속에 감추는 사람들이 초래하는 파국을 방치해서는 안 된다고 충고한다.

그래서 마키아벨리는 '비(非)지배'를 꿈꾼다. 그리고 지도자들만큼이나 시민들에게 기대한다. 시민들이 자기들의 '힘'을 자각하기를 원하고, 동시에 그 힘이 가져올 좋은 점과 나쁜 점을 알아주길 원한다. 칭찬에만 열광하고, 비난은 홀대하지 않기를 원한다. 인민들의 정치 참여가 보장된 정치체제일수록, 이러한 통찰력이 시민들에게 더욱 필요하다고 강조한다.

2

'비(非)지배'라는 개념은 공화주의의 역사보다도 더 오래되었다. 제도사상사에서 이 개념이 처음 등장한 것은 아테네 민주정의 평등의 원칙이 '시민이 향유하는 정치사회적 조건'으로 구체화되었을 때였다. 노예와 이방인이 아닌 공동체 구성원, 즉 자유로운 시민만이 향유할 수 있는 자격과 권리의 총체로서 '비(非)지배'가 아테네 민주정이 표방하던 평등의 내용으로 제시되었던 것이다.

본격적으로 '자유'와 '비(非)지배'가 등치되기 시작한 것은 로마공화정 시기부터다. 로마공화정은 아테네 민주주의가 지향하던 평등의 원칙을 '비(非)지배'라는 개념을 통해 '자유'의 원칙 속에 포괄하고자 했다. 라틴어로 '자유(libertas)'가 '자유인(liber)'이 향유하는 것'을 의미하듯, 로마인들은 '자유'를 '노예가 아닌 상태' 또는 '시민들이 향유해야 할 최소한의 정치사회적 조건'으로 이해했던 것이다. 그리고 이때부터 자유란 '타인의 자의적 의지에 종속되지 않는 상태' 즉 '비(非)지배'를 의미하게 된 것이다.

비(非)지배로서 자유가 지금 우리가 이해하는 '동의', '불간섭', 그리고 '강제의 부재'로 이해되기 시작한 것은 다분히 '자유주의'의 등장이라는 시대사적 변화와 궤를 같이한다. 절대왕정에 맞서 개인의 권리를 지키는 과정에서, 정치사회적으로 향유되어야 할 조건보다 자연적으로 보장된 권리가 더욱 부각되기 시작했던 것이다. '자유인'으로서 보장받아야 할 정치사회적 조건들보다 '자연인'으로서 보호되어야 할 자연적 권리들이 강조되고, '자유'의 개념에서 '비(非)지배'의 정치사회적 의미가 '동의' 또는 '간섭의 부재'로 크게 축소된 것이다.

따라서 이 책에서 강조하는 '비(非)지배'는 완전히 새로운 개념이 아니다. 비록 우리가 상실한 '자유'의 정치사회적 의미들을 되살리는 작업이지만, 전혀 없던 원칙을 제시하거나 확립하려는 것은 아니라는 말이다. 다만 마키아벨리가 '비(非)지배'를 시민적 자유의 내용으로 설명하는 방식, '비(非)지배'를 자유로운 공화정체의 원칙으로 설득하는 이유, 그리고 '비(非)지배'를 시민의 힘으로 구체화하려는 의도를 꼭 읽어내야 한다고 주장하는 것이다.

최근 '비(非)지배'가 학계에서 재조명되고 있는 이유도 크게 다르지 않다.[111] '비(非)지배'를 통해 반(反)집합적이면서도 반(反)원자적인 내용의 시민적 자유를 복원시킬 수 있으리라는 기대가 커지고 있는 것이다. 아울러 신자유주의의 거센 물결 앞에서 무기력한 개인으로 전락한 시민들의 삶, 경제 논리에 의해 급속히 비효율적이고 무능력하다고 낙인찍힌 민주주의, 그리고 여전히 집단적 안도와 정치적 동원의 수단으로 작용하는 민족주의에 대한 우려도 이런 추세를 강화시키고 있다. 그러나 우리가 당면한 정치사회적 문제를 성찰해 볼 때, 비(非)지배를 통한 시민적 기풍의 회복에 대한 학계의 관심은 때늦은 감이 없지 않다.

3

이러한 맥락에서, 마키아벨리의 정치사상과 관련해서 한 가지 주제를 덧붙이고자 한다. 바로 '가능성의 평등'이다. 지그문트 바우만(Zygmunt Bauman)의 지적처럼, "가난하고 미래가 없는 사람들"과 "부유하고, 낙관적이며, 자신감에 차고, 활기찬" 사람들 사이의 간극이 심각해지고 있다. '소수'와 '다수'의 긴장, '가진 사람'과 '가지지 못한 사람'들의 대립이 민주적 절차로 풀어 갈 수 없는 지경으로 치닫고 있는 것이다. 비록 바우만의 지적처럼 비관적이지는 않다고 하더라도, '민주주의' 그 자체가 불평등의 심화로부터 가장 큰 피해를 입을 것이라는 점은 주목할 필요가 있다.[112]

물론 인류의 삶과 함께 시작한 '불평등'의 문제를 이상적으로 해결하자거나 감정적으로 다루자고 종용하는 것이 아니다. '민주적 절차'를 통해 '민주적 심의'로 모든 문제를 해결할 수 있다고 믿는 사람일수록, 시민적 자유를 지키기 위해서라도 '불평등'의 문제를 심각하게 고민해야 한다는 것이다. 개개인의 이익 추구가 공공선을 위한 최선의 메커니즘을 제공한다는 자유주의의 원칙을 고수하기 위해서라도, '성공할 기회'뿐만 아니라 '비(非)지배'의 조건으로서 '성공할 수 있는 가능성'이 균등하게 분배되는 사회를 고민해야 한다는 것이다.

특히 '운동에 선재하는 관찰자적 성찰'을 요구하던 마키아벨리의 공화주의를 진지하게 논의할 수 있기를 원한다. 주지하다시피 그는 평생을 귀족적 특혜로부터 배제된 정치사회적 조건 속에서 살았다. 부유한 '신사들(gentiluomini)'에 대한 분노의 응어리, 앞으로 남은 것은 절망뿐이라는 개탄의 목소리가 늘 그의 주변을 맴돌았을 것이다. 그럼에도 불구하고, 우리는 그로부터 적대적 질시나 감정적 선동을 발견할 수 없다. 그 대신 로마공화정이 내세우던 '탁월성'에 자기가 꿈꾸는 공화정의 '가능성'을 결합시키려는 부단한 몸짓만이 발견될 뿐이다.[113] 만약 이러한 노력이 지금의 우리를 통해 제대로 재조명된다면, 마키아벨리의 공화주의는 "개천에서 용 나던 시대는 끝났다."는 자조 속에 담긴 비관적 현실주의를 정치적 설계로 극복하는 단초를 제공할 수 있을 것이다.

4

정치사상사에서 '객관적 해석'이란 존재할 수 없다. 시대사적 맥락, 텍스트의 내용, 그 어느 것도 해석하는 사람의 사고의 틀을 벗어날 수 없다. 그럼에도 불구하고, 서로 다른 생각들을 비교할 수 있는 공간이 마련된다면, 입장의 차이가 갖는 간극보다 사상가의 텍스트가 갖는 깊이를 더욱 드러낼 수 있으리라 믿는다. 이 책이 이러한 공간을 마련하는 데에 작은 기여나마 할 수 있기를 소망한다.

사실 『지배와 비지배: 마키아벨리의 『군주』 읽기』(2013)가 출판되고, 많은 분들이 마키아벨리의 정치사상을 좀 더 쉽게 조명해 주었으면 좋겠다는 말씀들을 전해 주셨다. 자기의 해석을 일방적으로 주입하지 않으려는 의도는 충분히 이해하지만, 『군주』도 『강의』도 쉽지 않은 책이니만큼 친절한 설명과 전체적인 조망이 필요하다는 조언이었다.

아직 미숙한 연구자이지만, 이 책을 통해 『지배와 비지배』를 읽고 아쉬움을 전해 주신 분들의 격려에 조금이나마 보답하고자 한다. 그리고 오랜 시간 동안 가장 친한 친구이자, 어려운 때에 묵묵히 옆을 지켜 주고 있는 아내에게 이 책을 바친다.

주(註)

1   Friedrich Nietzsche, On the Genealogy of Morality, trans. Carol Diethe (New York:
     Cambridge University Press, 1994), 3.8.82-85.

2   Francesco Guicciardini, Considerazioni, in Opere di Francesco Guicciardini. cura.
     Emanuella Luganani Scarano (Torino: Unione Tipografico-Editrice Torinese),
     1.5.618.

3   Principe Dedica.(2).

4   Discorsi 1.proemio.(7).

5   Discorsi 2.2.(26)-(41).

6   Francesco Guicciardini, Ricordi, in Opere di Francesco Guicciardini. cura. Emanuella
     Luganani Scarano (Torino: Unione Tipografico-Editrice Torinese), 2.736.

7   Discorsi 1.proemio,(1).

8   Job 9:1-10:22, The Interlinear Bible: Hebrew-Greek-English, edited by Jay Green
     (Peabody, MA: Hendrickson Publisher, 2005).

9   Lettere, a Francesco Vettori, 18 marzo 1513

10   Dell'ambizione, 25.

11   Maurizio Viroli, Il Dio di Machiavelli, e Il Problema Morale Dell'Italia (Bari:

Editori Laterza, 2005), 9.

12 Anthony Parel, The Machiavellian Cosmos (New Haven: Yale University Press, 1992), 57.

13 Lettere, a Francesco Vettori, 16 aprile, 1527.

14 Discorsi I.11.(10) & (24); Lettere a Ricciardo Bechi, 9 Marzo, 1498.

15 Epigrammi I.438.

16 Aristotle, Peri Poietikes 1451b4-10.

17 Discorsi, I.pro.(1). 『군주』의 이탈리아어 원문은 Niccolò Machiavelli, Il Principe, Giorgio Inglese (편집과 주석), Federico Chabod (에세이) (Torino: Giulio Einaudi editore, 1995) 판본을 사용한다. 『강의』는 Niccolò Machiavelli, Discorsi sopra la prima deca di Tito Livio, Gennaro Sasso (서문), Giorgio Inglese (주석) (Milano: Rizzoli Editore, 1996) 판본을 사용한다. 그 밖의 저술들은 Niccolò Machiavelli, 1995. Opere di Niccolò Machiavelli. Rinaldo Rinaldi (편집). Vol. 1-4. (Torino: Union Tipografico-Editrice Torinese) 판본을 사용한다. 구체적인 인용부분은 『군주』는 (Principe 장수, Inglese 구절번호)로 명기하고, 『강의』는 (Discorsi, 권수, 장수, Inglese의 구절 번호)로 명기하며, 『피렌체사』는 (Istorie Fiorentine 권수, 장수, Rinaldi의 쪽수)로 명기한다.

18 Cicero, De Re Publica, in De Re Publica & De Legibus, trans. Clinton Walker Keyes (Cambridge, MA: Harvard University Prses, 2000[1928]), 1.51.

19 Sallust, Bellum Catilinae, in Sallust, trans. John C. Rolfe (New York: G. P. Putnam's Sons, 1921), 10.6.

20 Discorsi, 1.3 & 1.4.

21 Istorie Fiorentine, 5.1.

22 Discorsi, 1.44.(T).

23 Discorsi, 1.46.

24 Aristotle, Politics, trans. H. Rackham (Cambridge, MA: Harvard University Press, 1932), 3.1281a42-b10.

25 Istorie Fiorentine, 3.1.

26 Discorsi, I.8.(18).

27 Discorsi, I.37.

28 Thucydides, History of the Peloponnesian War, trans. Rex Warner (New York: Penguin, 1972), 5.87 & 5.101.

29 Leo Strauss, City and Man (Chicago: University of Chicago Press, 1964), 3-4; Eric Voegelin, Modern without Restraint, edited by Hanfred Henningsen (Columbia: University of Missouri Press, 2000), 175-195.

30 Principe, 18.(17); Discorsi 3.3.(11).

31 Sheldon Wolin, Politics and Vision (Princeton, NJ: Princeton University Press, 2004), 198.

32 Principe 5.

33 Discorsi 2.2.

34 Discorsi 2.3.

35 Discorsi 2.4.

36 Principe 25.

37 Gabriele Pedullà, Machiavelli in tumulto (Roma: Bulzoni Editore, 2011), 87-216.

38 Discorsi I.58.

39 Discorsi I.47.

40 Eric Voegelin, History of Political Ideas 4, Renaissance and Reformation, edited by David L. Morse & William M. Thompson (Columbia: University of Missouri Press), 31-87.

41 Max Weber, 'the Profession and Vocation of Politics,' in Political Writings, edited & translated by Peter Lassman & Ronald Speirs, 365-369.

42 Prinicipe 9.(3).

43 Discorsi 2.2.

44 Aristotle, The Nicomachean Ethics, trans. H. Rackham (Cambridge: Harvard University Press, 1926),1107b9-1107b14.

45 Principe 16.(5).

46 Discorsi 2,2.(32).

47 Cicero, De Re Publica, in De Re Publica & De Legibus, trans. Clinton Walker Keyes (Cambridge, MA: Harvard University Prses, 2000[1928]), I.7.

48 Livy, Ab Urbe Condita, in Livy Vol. I, edited by Benjamin O. Foster (Cambridge, MA: Harvard University Press, 1976[1919]), 2.4-6.

49 Livy, Ab Urbe Condita, in Livy Vol. 3, edited by Benjamin O. Foster (Cambridge, MA: Harvard University Press, 1924), 5.20-39.

50 Quentin Skinner, "Machiavelli's Discorsi and the pre-humanist origins of republian ideas," in Machiavelli and Republicanism, edited by Gisela Bock, Quentin Skinner, and Maurizio Viroli (New York: Cambridge University Press, 1990), 121-141.

51 Sallust, Bellum Catilinae, in Sallust, trans. John C. Rolfe (New York: G. P. Putnam's Sons, 1921), 10.1-2.

52 Sallust, ibid., 10.6.

53 Sallust, ibid., 10.3.

54 Quintilian, Institutionis Oratoriae, in Quintilian Vol. I, trans. Harold E. Butler (New York: G. P. Putnam's Sons, 1920), I.pr.9.

55 Gennaro Sasso, Niccolò Machiavelli, Storia del suo pensiero politico (Bolgona: Il Mulio, 1980), 267-270.

56 Discorsi, 1.5; 1.6.

57 Discorsi 1.9.(5).

58 Discorsi 3.19.

59 Discorsi 1.29.(5); 3.6.(6).

60 Kenneth C. Schellhase, Tacitus in Renaissance Political Thought (Chicago: University of Chicago Press, 1976), 66-126.

61 Tacitus, Dialogus. in Dialogus, Agricola, Germania, trans. Maurice Hutton and William Peterson (New York: Macmillan Co., 1914), 40-41.

62 Mikael Hörnqvist, Machiavelli and Empire (New York: Cambridge University Press, 2004), 38-75 참조.

63 Felix Gilbert, "Bernardo Rucellai and the Orti Oricellari: A Study on the Origin of Modern Political Thought," Journal of the Warburg and Courtauld Institutes, 12(1949), pp. 101-131 참조.

64 Discorsi, I.44; 2.22.

65 Leo Strauss, Thoughts on Machiavelli (Chicago: University of Chicago Press, 1958), 44-45; 126-131; 259-288.

66 John McCormick, Machiavellian Democracy (New York: Cambridge University Press, 2011), 6-8; Benedetto Fontana, Hegemony and Power: On the Relation between Gramsci and Machiavelli (Minneapolis: University of Minnesota Press, 1993), 91-105.

67 Paul Rahe, Against Throne and Altar, Machiavelli and Political Theory under the English Republic (New York: Cambridge University Press, 2009), 53-55.

68 곽준혁, "'비지배적' 리더십: 마키아벨리의 『군주』에 내재된 교육적 수사," 『한국정치학회보』, 47집 5호 (2013), 27-50.

69 Principe 6.(27); Discorsi Dedica.(10).

70 Discorsi I.10.(12)-(15), I.34.(2).

71 Lettere, aprile 16, 1527.

72 Maurizio Viroli, For Love of Country (New York: Oxford University Press, 1995), 36-40.

73 Casavecchia a Machiavelli, 17 Giugno 1509, 181-182 & 189-90.

74 Roberto Ridolfi, Vita di Niccolò Machiavelli (Roma: Angelo Belardetti Editore, 1954), 3-22.

75 Francesco Bausi, Machiavelli (Roma: Salerno Editrice, 2005), 27.

76 Bartolomeo Scala, "De Legibus et Iudiciis Dialogus," in Bartolomeo Scala, Humanistic and Political Writings, edited by Alison Brown (Tempe, AZ: Arizona State University, 1997), 338-364.

77 ibid., 354.

78 ibid., 359.

79   Catherine Atkinson, Debts, Dowries, Donkeys (Frankfurt: Peter Lang, 2002), 43.

80   Bernardo Machiavelli, Libro di Ricordi, cura di Cesare Olschki (Firenze: F. Le Monnier, 1954), 31-138.

81   Roberto Ridolfi, Vita di Niccolò Machiavelli (Roma: Angelo Belardetti Editore, 1954), 22.

82   Machiavelli a Ricciardo Becchi, 9 Marzo 1498.

83   Roberto Ridolfi, Vita di Niccolò Machiavelli (Roma: Angelo Belardetti Editore, 1954), 202.

84   Principe 26.(14)

85   Principe 9.(2); Discorsi I.4.(5).

86   Discorsi I.4.(9).

87   Discorsi I.42.

88   Discorsi I.43.

89   Discorsi I.41.

90   Discorsi I.17 & I.18.

91   Istorie Fiorentine, 3.1.

92   Discorsi I.37.

93   Discorsi I.37.(27).

94   Livy, Ab Urbe Condita, in Livy Vol. 6, edited by Frank Gardner Moore (Cambridge, MA: Harvard University Press, 1952), 23.2.

95   Capitolo di fortuna, 58-63.

96   Georg W.F. Hegel, The Philosophy of Hegel, edited by Carl Friedrich (New York: Modern Library, 1953), 29.

97   시오노 나나미, 『나의 친구 마키아벨리』, 오종환 역 (파주: 한길사, 1995), 392.

98   Cicero, Tusculan Disputationes, trans. J. E. King (Cambridge: Harvard University Press, 1927), 2.4.11.

99   Istorie Fiorentine 3.16-17.

100   Coluccio Salutati, Tractatus de Tyranno, edited by F. Ercole (Berlin: W. Rothschild,

1914),I.6.

101 Leonardo Bruni, Panegyric on the City of Florence. in The Early Republic: Italian Humanists on Government and Society, edited by Benjamin G. Kohl, Ronald G. Witt, Elizabeth Welles (Philadelphia: University of Pennsylvania Press, 1978), 149-151.

102 Principe 7.(43).

103 Luca Landucci, Diario fiorentino dal 1450 al 1516 di Luca Landucci, continuato da un anonimo fino al 1542, annotazioni. Iodoco Del Badia (Firenze: G.C. Sansoni editore, 1883), 173.

104 Discorsi I.II.(24)-(26).

105 Girolamo Savonarola, Prediche sopra Aggeo, cura. Luigi Firpo (Roma: A. Belardetti, 1965), Novembre I, 1494.

106 Herodotus, Histories, in Herodotus Vol. I, trans. A. D. Godley (Cambridge: Harvard University Press, 1920), I.214.

107 곽준혁, "마키아벨리와 아리스토텔레스: 참주교육의 정치철학적 재고,"『대한정치학회보』, 21집 3호 (2013), 21-45.

108 Principe 6,(29).

109 Discorsi I.3.(2).

110 Luciano Canfora, Julius Caesar, The Life and Times of the People's Dictator, trans. Martin Hill and Kevin Windle (Berkeley, CA: University of California Press, 2007), xiv-xv.

111 곽준혁, "왜 그리고 어떤 공화주의인가,"『아세아연구』, 51:1(2008), 133-163.

112 Zygmunt Bauman, Does the Richness of the Few Benefit Us All? (Malden, MA: Polity, 2013), 2-3.

113 Discorsi I.55.(27).

참고 문헌

곽준혁. 2013. "'비지배적' 리더십: 마키아벨리의 『군주』에 내재된 교육적 수사," 《한국정치학회보》, 47:5, 27-50쪽.

곽준혁. 2013. "마키아벨리와 아리스토텔레스: 참주교육의 정치철학적 재고,"《대한정치학회보》, 21:3, 21-45쪽.

곽준혁. 2008. "왜 그리고 어떤 공화주의인가,"《아세아연구》, 51:1, 133-163쪽.

시오노 나나미. 1995. 『나의 친구 마키아벨리』, 파주: 한길사.

Aristotle. 1932. Politics. trans. H. Rackham. Cambridge, MA: Harvard University Press.

Aristotle. 1926. The Nicomachean Ethics. trans. H. Rackham. Cambridge: Harvard University Press.

Atkinson, Catherine. 2002. Debts, Dowries, Donkeys. Frankfurt: Peter Lang.

Bauman, Zygmunt. 2013. Does the Richness of the Few Benefit Us All? Malden, MA: Polity.

Bausi, Francesco. 2005. Machiavelli. Roma: Salerno Editrice.

Bruni, Leonardo. 1978. Panegyric on the City of Florence. in The Early Republic: Italian Humanists on Government and Society, edited by Benjamin G. Kohl, Ronald G. Witt, Elizabeth Welles. Philadelphia: University of Pennsylvania Press, 149-151.

Canfora, Luciano. 2007. Julius Caesar, The Life and Times of the People's Dictator, trans. Martin Hill and Kevin Windle. Berkeley, CA: University of California Press.

Cicero. 2000[1928]. De Re Publica & De Legibus, trans. Clinton Walker Keyes. Cambridge, MA: Harvard University Press.

Cicero. 2001[1913]. De Officiis, trans. Walter Miller. Cambridge: Harvard University Press.

Cicero. 1927. Tusculan Disputationes, trans. J. E. King. Cambridge: Harvard University Press.

Green, Jay eds. 2005. The Interlinear Bible: Hebrew-Greek-English. Peabody, MA: Hendrickson Publisher.

Fontana, Benedetto. 1993. Hegemony and Power: On the Relation between Gramsci and Machiavelli. Minneapolis: University of Minnesota Press.

Gilbert, Felix. 1949. "Bernardo Rucellai and the Orti Oricellari: A Study on the Origin of Modern Political Thought," Journal of the Warburg and Courtauld Institutes. 12(1949), 101-131.

Guicciardini, Francesco. 1970. Opere di Francesco Guicciardini. Vol. 1-3. cura. Emanuella Lugnani Scarano. Torino: Unione Tipografico-Editrice Torinese.

Hegel, Georg W. F. 1953. The Philosophy of Hegel, edited by Carl Friedrich. New York: Modern Library.

Herodotus. 1920. Herodotus Vol. 1. trans. A. D. Godley. Cambridge: Harvard University Press.

Hörnqvist, Mikael. 2004. Machiavelli and Empire. New York: Cambridge University Press.

Landucci, Luca. 1883. Diario fiorentino dal 1450 al 1516 di Luca Landucci, continuato da un anonimo fino al 1542, annotazioni. Iodoco Del Badia. Firenze: G.C. Sansoni editore.

Livy. 1976[1919]. Ab Urbe Condita Vol. 1, edited by Benjamin O. Foster. Cambridge, MA: Harvard University Press.

Livy. 1924. Ab Urbe Condita Vol. 3, edited by Benjamin O. Foster. Cambridge, MA: Harvard University Press.

Livy. 1952. Ab Urbe Condita, Vol. 6, edited by Frank G. Moore. Cambridge, MA: Harvard University Press.

Machiavelli, Bernardo. 1954. Libro di Ricordi, cura di Cesare Olschki. Firenze: F. Le Monnier.

Machiavelli, Niccolò. 1995. Opere di Niccolò Machiavelli. cura. Rinaldo Rinaldi. Vol. 1-4. Torino: Union Tipografico-Editrice Torinese.

Machiavelli, Niccolò. 1995. Il Principe. cura. Giorgio Inglese. Torino: Einaudi.

Machiavelli, Niccolò. 1984. Discorsi sopra La Prima Deca di Tito Livio. intro. Gennaro Sasso, note. Giorgio Ingeles. Milano: Biblioteca Universale Rizzoli.

Machiavelli, Niccolò. 1964. Legazioni e commisari. cura. Sergio Bertelli. Milano: Feltrinelli.

Mazzini, Giuseppe. 2009. A Cosmopolitanism of Nations. edited by Stefano Recchia and Nadia Urbinati. Princeton: Princeton University Press.

McCormick, John. 2011. Machiavellian Democracy. New York: Cambridge University Press.

Parel, Anthony. 1992. The Machiavellian Cosmos. New Haven: Yale University Press.

Pedullà, Gabriele. 2011. Machiavelli in tumulto, Conquista, cittadinanza e conflitto nei Discorsi sopra la prima deca di Tito Livio. Roma: Bulzoni Editore.

Plato. 2001. Euthyphro, Apology, Crito, Phaedo, Phaedrus. trans. W. R. M. Lamb. Cambridge: Harvard University Press.

Quentin Skinner. 1990. "Machiavelli's Discorsi and the pre-humanist origins of republian ideas," in Machiavelli and Republicanism, edited by Gisela Bock, Quentin Skinner, and Maurizio Viroli. New York: Cambridge University Press, 121-141.

Quintilian. 1920. Quintilian Vol. 1. trans. Harold E. Butler. New York: G. P. Putnam's Sons.

Rahe, Paul. 2009. Against Throne and Altar, Machiavelli and Political Theory under the

English Republic. New York: Cambridge University Press.

Ridolfi, Roberto. 1954. Vita di Niccolò Machiavelli. Roma: Angelo Belardetti Editore.

Sallust. 1921. Sallust. trans. John C. Rolfe. New York: G. P. Putnam's Sons.

Sasso, Gennaro. 1980. Niccolò Machiavelli, Storia del suo pensiero politico. Bolgona: Il Mulio.

Savonarola, Girolamo. 1965. Prediche sopra Aggeo, cura. Luigi Firpo. Roma: A. Belardetti.

Scala, Bartolomeo. 1997. "De Legibus et Iudiciis Dialogus," in Bartolomeo Scala, Humanistic and Political Writings, edited by Alison Brown. Tempe, AZ: Arizona State University, 338-364.

Schellhase, Kenneth C. 1976. Tacitus in Renaissance Political Thought. Chicago: University of Chicago Press.

Strauss, Leo. 1964. City and Man. Chicago: University of Chicago Press.

Strauss, Leo. 1958. Thoughts on Machiavelli. Chicago: University of Chicago Press.

Tacitus. 1914. Dialogus, Agricola, Germania, trans. Maurice Hutton and William Peterson. New York: Macmillan Co.

Viroli, Maurizio. 2002. Republicanism. New York: Hill and Wang.

Viroli, Maurizio. 1995. For Love of Country. New York: Oxford University Press.

Viroli, Maurizio. 2005. Il Dio di Machiavelli, e Il Problema Morale Dell'Italia. Bari: Editori Laterza.

Voegelin, Eric. 2000. Modern without Restraint, edited by Hanfred Henningsen, Columbia: University of Missouri Press.

Wolin, Sheldon. 2004. Politics and Vision. Princeton, NJ: Princeton University Press.

Xenophon. 1989. Scripta Minora, trans. E. C. Marchant & G. W. Bowersock. Cambridge: Harvard University Press.

마키아벨리
다시 읽기

1판 1쇄 펴냄 2014년　3월 10일
1판 3쇄 펴냄 2014년 12월　1일

지은이　곽준혁
발행인　박근섭·박상준
펴낸곳　(주)민음사

출판등록　1966. 5. 19. 제16-490호
주소　　　(135-887) 서울시 강남구 도산대로1길 62(신사동)
　　　　　강남출판문화센터 5층
대표전화　515-2000 | 팩시밀리　515-2007
홈페이지　www.minumsa.com

ISBN　978-89-374-8799-6　(03340)